# 철학적 착상

# 철학적 착상

권성훈 지음

좋은땅

또한 큰 깨달음이 있은 다음에야 비로소 이것이 큰 꿈일 뿐임을 안다.
且有大覺而後知此其大夢也

-『장자』, 제물편

그것을 꿈이라고 불러라. 그렇다고 바뀌는 것은 없다.[1][2]

Nenn es einen Traum. Es ändert nichts.

- 루드비히 비트겐슈타인,『철학적 탐구』

---

1)  르네 데카르트『제1철학을 위한 성찰』제5성찰 참고
2)  루드비히 비트겐슈타인,『철학적 탐구』,「심리철학-단편」, §273, 이승종 옮김, 아카넷, 2016, 622p

# 목차

# 1.What is Philosophy?

무엇이 철학인가?

## 1) 천재이고 싶은 패배자들의 무덤

철학에 빠져드는 사람은 철학이라는 학문, 또는 철학자들에 먼저 빠져든다. 이 경우 철학은 어떤 보편적인 질문에 답을 제시한다. 철학은 철학자가 쥔 무기들, 즉 고유한 논리를 보인다. 이 해답은 우리가 일상적으로 접하는 해답과는 다르며 우리 문화의 기본적인 사고방식과도 다르다.

이제, 일상을 반역하는 존재로서 철학자들이 마음속에 자리 잡는다. 그리고 철학자들은 철저히 우상화되기 시작한다. 니체, 비트겐슈타인, 스피노자, 헤겔, 들뢰즈, 포퍼 같은 인물은 그들 속에 위인의 지위를 얻으며 자리 잡는다. 이런 식으로 철학, 그리고 철학자라는 인간 부류는 우상이 된다.

한편 대한민국에서 철학은 곧 강력한 "상징"이다. 모든 학문, 그리고 모든 삶의 진리를 꿰뚫어본다는 대중적 인식, 그리고 그런 '위인들'을 배우고 가르친다는 점에서, 철학이라는 단어는 권위를 갖는다. 이런 인식 하에서 철학에 처음 호기심을 갖는 사람들에게 철학은 강한 상징적 힘을 갖는다(다르게 말하자면 '있어 보인다'). 이런 사회적 메리트는 철학을 택하는 흡인요인이 된다.

그렇다면 어떤 부류가 철학을 선택하는 것인가? 당연하게도 철학을 전공하는 대부분의 사람들은 철학을 좋아한다는 단지 그 이유만으로 철학을 선택하지 않는다. 철학 전공 자체를 위해서가 아닌 경우 중 철학과를 택하는 이유는 크게 세 가지가 있다.

첫 번째, 예술 창작을 업으로 삼고 싶어 하는 경우이다. 수많은 예술인들, 특히 영화 및 연극, 뮤지션, 작가 등을 원하는 경우가 그렇다. 이런 현상의 가장 큰 이유는 사실상 '미학'과 예술의 현학적 경향 때문이다. 수많은 예술가, 그리고 현대 미술가들이 원하는 일류 '아티스트'가 되기 위해 그들의 작품 안에 '심오한 사상'을 집어넣어야 하기 때문이다.

나머지 두 경우는 '인문대 천시'와 관련이 깊다. 인문대 천시는 대한민국의 인문학부에 박힌 두 가지 인상에 연유한다. 먼저 취업에 불리하다는 인상, 둘째로 (앞의 것과 인과가 있을지 모르지만) 입결이 낮은 학과라는 점이다. 보장되지 않는 미래 때문에 인문대를 선택하는 일은 커다란 모험이다. 그러므로 진지한 마음으로 인문대, 특히나 철학과 사학을 선택하는 비중은 낮다.

그렇게 경쟁력이 떨어진 자리는 입시생의 전략적 선택지

가 된다. 당연하게도 성적에 맞는 최대한 높은 학교를 가기 위해 철학과를 선택한다. 그들은 비교적 경쟁이 덜 치열한 철학과에서 높은 학점과, (취업을 위해 사실상 강제되는) 복수전공을 생각하고 철학과에 들어온다.

마지막 경우는 두 번째와 결론적으로는 같다. 로스쿨 등 다른 분야 상급학교에 진학하고자 하는 경우이다. 이들에게 철학과는 수단이거나, 자신의 사심을 채우기 위해서 거치는 과정에 불과하다.

이런 상황에서, '철학' 자체에 홀린 학생들은 어떤 상황에 놓이게 될까? 그들에게는 같은 목적을 추구하는 동료가 부족하다. 보장되지 못하는 미래는 더더욱 그들이 집단을 이루는 것을 억제한다. 이런 상황에서, 그들이 보는 우상은 '철학자' 다. 철학에 홀린 이들이 최종적으로 추구하는 바는 '철학자' 가 되는 것이다.

그러나 대중적 지위에서 철학자의 조건은 멀고도 높다. 니체와 데리다, 하이데거 같은 정도의 수준이 되어야 철학자 로 불릴 수 있지 않겠는가. 이런 인식 하에서 철학자는 소위 말하는 '고전'을 써야만 한다. 하지만 그들에겐 철학 논문을 쓰는 일조차 철학 교수가 하는 일이지, 철학자의 일이 아니 라고 느껴진다.

그러므로 철학을 진지하게 생각하는 학생들은 고전을 완

성한 인물, 즉 '천재'를 추구하게 된다. 여기서 천재란 기존의 틀에 혁신을 만들어 내며, 하나의 사상 체계를 구축한 인물, 즉 하버마스, 푸코와 같은 철학장 최상의 인물을 추구하게 된다.

결론적으로 철학과는 자신이 소위, 머리는 비상하나 노력을 하지 않는, 스스로 천재과라고 여기는 군상이 도피하기 좋은 장소다. 특히나, 아인슈타인이나 괴델 등의 자연과학 학자들을 우상으로 삼는 '이과'로서 입시상의 승리를 하지 못한 학생들이 도피하기에도 적절하다. 그들은 논리학을 기반한 철학이 자신에게 맞다고 느끼며 잠시간의 가능성을 보지만, 그들은 점차 철학의 지독한 '언어편향성'에 지치기 십상이다. 모든 철학은 문장으로 쓰여질 수밖에 없기 때문이다.

## 2) 소유물로서 철학 : 교양이라는 이름의 보석팔이

"우리나라 사람들 중 철학적 열망에 사로잡히는 누군가가 희랍의 학식에 조예가 깊다면, 우리말 저작들보다 희랍어 저작들을 읽으려 하겠지만, 그가 희랍인들의 기술과 훈육에 맞지 않다면 희랍 교육 없이 이해하지 못할 것들에 전혀 신경 쓰지 않으리라고 판단했습니다. 따라서 저는 못배운

자들은 이해 못하고 배운자들은 구태여 읽지 않을 것을 저
술하고 싶지 않습니다."[3]

– 키케로,『아카데미아 학파』

하지만, 이런 열악한 성장 조건을 가진 '철학자 지망생'의
무리와 사회적 조건은 또다시 괴리된다. 사회에서 철학전공
자에게 원하는 것은 새로운 사상이나, 기존 사상에 대한 비
판적 계승이 아니다. 사회가 그들에게 바라는 것은 교양이라
는 이름의 정치적 힘이다.

대한민국에서 철학의 쓸모는 교양이라는 이름 아래에만
있다. 철학 전공자들은 다독하는 독자들, 또는 교양이라는
무형 자산을 사는 '문화인'들이 소비할 만한 교양서를 생산한
다. 그리고 학부 수업의 질을 높이기 위한 교양수업에 '인력'
으로서 투입된다.

너무나 당연하게도 이런 쓸모 외에 나머지 쓸모는 '철학을
하는 사람들' 사이에서, 즉 철학장 안에서 만들어져야 한다.
하지만, 열악한 조건하에 당연히도 '한국어'로 논의되는 철학
장은 없거나 그 규모가 작을 수밖에 없다. 이런 삭막한 성장
환경을 어떤 힘으로든 극복한 철학박사들은 당연하게도 외
국어로 철학을 하게 된다. 그들은 그들이 역량을 펼칠 무대

---

3)  키케로,『아카데미아 학파』, 양호영 역, 아카넷, 2021, 23p

가 없는 대한민국이 아닌, 세계 석학들과의 경쟁을 시작한다. 그들은 자연히 국내에는 관심이 사라진다.

한편 박사가 되었으나 세계 석학들과 경쟁할 능력도, 욕망도 없는 사람들은 '국내에서의 쓸모'에만 자신의 능력을 그치게 된다. 그러므로 생산적 논의 대신, 교양이라는 홍수가 일어나고, 철학이라는 이름 위에 범람하게 된다.

결론적으로 대한민국 철학 콘텐츠의 소비자들은 철학을 일종의 푹신한 것으로 여기게 된다. 다시 그런 푹신한 철학의 수요가 생겨나고, 그런 수요를 파악한 철학 전공자들은 철학을 푹신하게 가공한다.

철학은 일종의 돌멩이 줍기다. 한편, 교양을 파는 일은 그런 돌멩이를 잘 가공해 예쁜 모양의 보석을 만드는 일이다. 푹신한 것을 파는 줄 알았던 소비자는 돌멩이를 받아들고는 어떤 마음이 들겠는가? 예쁘게 가공되었더라도 딱딱한 이것에 당황할 수밖에 없다. 그러므로 그들이 철학에 갖는 인상은 이해되지 않는 것, 그러므로 '어려운 것'이다. 대단하고 아름답다는 그들의 인상과, 철학의 무뚝뚝하면서도 뾰족한 촉감은 모순되기 때문이다.

한편, 교양 시장에서는 마케팅에 성공한 세공사들조차 적은 인세에 한탄한다. 여기서 일부 세공사들은 대중이라는 파도를 타러 간다. 대중은 파도 위에서 보석을 내보이는 세공사들에게 철학자로서의 명예를 부여한다. 이렇게 대중은 파도 타는 세공사, 즉 대중 지식인을 '철학자'라는 이름으로 부르게 된다.

다시, 철학장에 진입하는 학부생은 어떤 환상을 보는가? 다시 말해, 철학에 홀린 인간은 어떤 우상을 보는가? 그들은 자신이 니체가 되길 원한다. 자신이 비트겐슈타인이 되길 원한다. 그들은 자신의 연구가 고전이 되기를 바란다. 자신이 시대의 사상을 선도하길 원한다. 그러므로 그들은 무너질 수밖에 없다. 일차적으로 철학은 그들이 접해 오던 것과는 이질적으로 거칠다. 이런 상황에서 이상은 높지만, 그들이 바라는 보상은 수십 년을 투자해도 주어지기 힘들다. 그런 그들은 철학적 훈련과정에서 자신감을 상실한다.

이상 두 절에서 밝힌 바와 같이, 철학장은 인재를 수도 없이 다른 장에 양보하며, 인재를 키워 냈다고 할지라도 '철학 자체를 위한 철학'이 존재하는 데 필요한 토대가 없다. 지금까지 본 철학장의 배출요인은 무엇인가? 정리해 보자.

먼저, 철학전공의 불확실한 미래다. 철학 교수가 되는 문은 좁고, 박사가 되더라도 안정적인 연구와는 거리가 멀다. 결국 철학 전공자는 교양 판매꾼이 되고 만다. 철학과 수요의 90%는 철학이라는 학문 자체와는 거리가 멀기 때문이다. 그러므로 대한민국에서 철학은 그것이 이루어지는 공통의

장이 적어지고, 좁아진다.

　다음으로, '철학자'의 인상에 대한 오류다. 흔히 철학자라고 불리는 인물들과 철학을 직업으로 가진 사람들 사이의 인식이 가진 괴리가 너무나 크다. 우리는 어떤 사람이 철학자인지에 대한 기준을 낮춰야 한다. 아니, 이미 철학전공자들 사이에서 철학자의 기준은 저렇게 높지 않지만, 대중적 기준이 너무나 높다. 철학자는 어떤 인간인가를 재정의할 필요가 있다.


## 3) 철학의 올바른 의미 세우기

　무엇이 철학자인가? 철학자는 철학이나 철학자에게 홀린 사람이 아니다. 이런 인간은 '철학을 좋아하는 사람'이라고 불러야 마땅하다. 그렇다면 철학자는 어떤 인간인가? 철학자는 **진리(truth)**에 홀린 사람이다.

　철학의 어원, philosophia라는 단어부터 이를 내포하고 있다. 철학은 특권적 지위를 얻은 특정한 앎, 즉 지혜를 사랑한다는 의미를 가지고 있다. 철학자들은 자신의 우상을 사랑하지 않는다. 잘 정리되고 다듬어진 보석을 진리라고 부르지 않는다. 그들이 사랑하는 것은 진짜 진리, 잡힐 듯 말 듯 멀어지며 도망치는 진리여야 한다.

그래서 철학의 정의는 다음과 같아야 한다.


"철학은 진리라는 내기물을 두고 벌이는 게임이다."


철학자는 무엇에 진리의 지위를 부여할 것인가를 두고 싸우는 논쟁, 곧 철학을 하는 사람이다. 그러면 철학자는 탁월한 지혜를 가진, 탁월한 안목을 가지고 인류의 미래를 제시하는 사람이어야 하는가?

그렇지 않다. 철학자는 예언가가 아니다. 그저 자신이 옳다고 믿는 것을 진리의 위치에 올려놓으려는 사람이다. 철학은 일종의 전쟁이다. 철학자는 진리의 범위를 넓히거나, 특정 진리의 영역을 탈환하고자 싸운다. 이에 대한 쇼펜하우어의 논변을 들어보자.


(…) 한 편의 시가 목동의 지팡이에 의지해 풀밭을 뒹구는 어린양이라면, 사상은 단순히 살아남는 것을 목적으로 상대방의 목덜미에 어금니를 꽂아야만 하는 전갈의 일생이다.[4]


쇼펜하우어는 시와 시인을 양과 목동에, 철학과 철학자를

---

4) 『쇼펜하우어 철학 에세이』, 김욱, 지훈출판사, 2005, 16p

전갈과 전갈의 일생에 비유한다. 시는 기본적으로 언어를 확장적으로 사용하여, 서로의 세계 이해에 공감하는 것을 목적으로 한다. 시인이 만든 세계에 독자는 공감하며 그것을 자기 세계로 만든다. 그로써 독자의 세계는 확장된다. 반대로 철학은 특정 문제에 대한 적극적인 주장으로 어떤 문제에 하나의 해답이 존재한다면, 새로운 주장은 그것과 대립하는 주장일 수밖에 없다. 철학은 무엇이 공인된 진리의 위치에 오를 것인가에 대한 대립과 투쟁에 가깝다. 철학적 주장들은 기본적으로 서로 다른 세계 이해를 가지고 있고, 이것들은 서로 상충한다. 철학적 주장은 오직 서로를 어떻게 무력화할 것인가에만 관심이 있다. ("체계란 거미처럼 비사교적인 성격을 갖고 있다. 자신이 쳐놓은 거미줄에서 살아남을 수 있는 존재는 일정한 체계를 통해 그 같은 거미줄을 쳐놓은 당사자뿐이다."[5])

한편 전쟁이라는 단어를 조심히 사용하도록 해야 한다. 철학이라는 전쟁은 인간을 불구로 만들거나 목숨을 위협하는 방법을 쓰지 않는다. 철학은 특정한 언명을 무력화하며 자신의 목적을 이룬다. 철학자의 무기는 논리와 역사다. 그러므로 철학자는 굳게 믿어지고 있는 어떤 믿음을 공격하는 검사여야 하며, 동시에 어떤 믿음을 방어하는 방패병이어야

---

5) 같은 책, 같은 쪽

한다. 폐기되어야 마땅한 무형의 진리를, 역사와 논리를 통해 무장해제시키고, 다른 믿음을 진리에 자리에 놓는 일. 그것을 철학이라는 오래된 전통에 걸맞게 해내는 이는 누구라도 철학자라고 불려야 마땅하다.

그러므로 철학자의 일은 공격과 점령, 그리고 방어여야 한다. 좀 더 세련된 단어로 이것은 비판과 반박이다. 하지만 이것은 비열하지 않은 전투여야 한다. 그러므로 예리한 비판과, 겸손한 반박만이 철학자들 간 이루어져야 할 마땅한 행위이며 더불어 유일한 인정이자 존중이다. 이때에야 비로소 철학 전공자들은 철학자가 되어 마땅하다.

이런 철학자들이 공유하는 한 가지 신념은 다음과 같아야 한다: "우리는 진리를 사랑하며, 진리에 가까워지고자 한다." 그제서야 플라톤도, 니체도, 스피노자도 모두 선지자가 아닌 철학자가 되고, 우리도 그제서야 그들과 동질성을 가진 철학자가 된다. 그리고 이제 우리가 그간 철학자로 부르던 '위인'은 존경받아 마땅한 선배가 된다.

그러므로 철학자의 조건은 다음이 된다. '진리를 사랑하는가?'

그리고 이 말은 '자신의 진리를 숭배하는가?'라는 말에 반대된다. 한 철학자에게 진리는 자기 자신만큼 또는 그 이상 소중하지만, 진리는 절대 철학자 자신과 동일시될 수 없다. 진리는 언제든지 철학자를 배반할 준비를 하고 있기 때문이다. 철학자가 추종하는 진리는 언제나 새로운 형상으로 다가온다. 사랑이라는 말에 담긴 그대로, 늘 자신을 배반하는 진리를 철학자는 언제고 받아들일 준비를 하며, 철학자는 홀린 듯 그것을 더 깊게 이해하려 분투한다.

# 2. 비트겐슈타인이 남긴 세 가지 쟁점

이 장에서는 비트겐슈타인이 그의 두 책을 통해 제시하고자 한 주요한 논의 중 세 가지 철학적 쟁점을 살피고, 그로부터 함의된 의미들을 도출하고자 한다. 그리고 이를 딴 '착상'의 수준으로 이론화하고자 한다.

『논리-철학논고(Tractatus Logico-Philosophicus)』와 『철학적 탐구(Philosophical Investigations)』,[6] 이 두 권의 책은 그의 저작 중 유일하게 그의 의지로 출간된 책이다. 두 책이 출간된 맥락과 관심사를 보면, 비트겐슈타인은 철학적으로 훈련된 사람이라기보다 '무엇이 진실인가'를 추궁해 나간, 우리가 논했던 '철학자'로 부를 수 있을 알 수 있다.

그 첫 번째 결실이 『논리-철학논고』이다. 논고는 논리학의 기반을 바로 세우고, 논리학을 기반으로 한 올바른 '철학적' 언어 세우기를 위한 노력이라 볼 수 있다. '철학적' 언어실천의 규범까지 제시하려고 한 이 시도는 언어에 대한, 보다 밀

---

6) 이하 인용하는 모든 비트겐슈타인의 구절은 이하 두 권의 책에서 참고 및 발췌. 『논리철학론』(이하 논고)의 경우 비트겐슈타인의 번호(0.00)에 의해, 『철학적 탐구』 또한 번역서가 참고하고 있는 원문에서 번호(§000)를 통해 해당 인용 범위를 특정 가능하므로 이하 따로 인용표기를 하지 않았음.
루드비히 비트겐슈타인, 『논리철학론』, 곽광제(2012, 서광사)
루드비히 비트겐슈타인, 『철학적 탐구』, 이승종(2016, 아카넷)

도 높은 논의를 촉발하여, 수십 년 후 『철학적 탐구』에 도달한다. 먼저, 논고를 살펴보자.

## 1) 공간

1　세계는 실재하는 모든 사건이다.

1.1　세계는 사실들 전체이지 사물들 전체가 아니다.

1.11　세계는 사실들로 이루어지며, 그래서 사실들 전체에 의해서 결정된다.

1.12　왜냐하면 사실들 전체가 실재하는 사건을 결정하고, 또한 실재하지 않는 사건을 결정하기 때문이다.

1.13　논리적 공간 속의 사실들이 세계다.

논고는 세계 정의(world defining)에서부터 시작한다. 이는 오래된 서양 철학의 전통이다. 철학적 주장은 관습적으로 다음과 같은 전개상의 전통을 가지고 있다. 먼저, 세계를 규정하고, 그러한 세계 속 인간이란 어떤 존재인지 규명한 뒤, 결론적으로 인간이 어떻게 행동해야 하는지 윤리적 방침을 제시한다. 이 흐름은 플라톤과 아리스토텔레스라는 고대 거인들에서부터 이어져 왔다. 이중, 세계를 규정하며 논의의 출발점을 견고하게 설정하는 전통은 철학자들의 시조격인 탈레스에게서조차 찾아볼 수 있을 정도로 오래되었다.

이러한 '정초'하려는 관습은 세계의 기반을 서로 다르게 인식하던 고대일수록 더욱 중요했다고 볼 수 있다. 공유하는 신화, 숭배하는 신에 따라 세계상이 달라지던 고대의 상식을 그대로 따르며 새로운 주장을 전개해야 하는 것은 제약이 많았기 때문이다. 그런 상황에서 자신의 진리를 확신한 철학자에게 세계를 정초하려는 시도는 반드시 필요했으며, 이는 오랜 시간 철학의 전통이 되었다.

그렇다면 비트겐슈타인의 경우는 어떨까? 비트겐슈타인이 세계 정의로부터 논의를 시작하는 것을 우리는 이미 보았다. 그러나 현대의 많은 철학자는 세계규정에서부터 시작하려는 이러한 정초의 관습을 거의 받아들이지 않는다. 세계 정초는 칸트의 물자체, 쇼펜하우어의 의지, 마르크스의 하부구조와 같이 인식상에서의 토대 설정이 필요한 경우에만 행해진다. 그러므로 비트겐슈타인처럼, 세계로부터 정초하려는 시도는 당시에 흔한 시도가 아니었음을 나는 확신한다. 왜냐하면, 세계를 정의하는 논리는 19세기 이후에는 자연과학이 그 지위를 완전하게 가져갔기 때문이다. (니체의 경우만 해도, 세계의 정의는 필요하지 않았다. 니체는 곧바로 인간에서부터 논의를 시작한다.)

그렇다면 비트겐슈타인의 세계 정의, 곧 철학적 정초는 어떤 의미를 가지는가? 그것은 당대 논리학이 지닌 관념론적 경향성에서 찾을 수 있다. 비트겐슈타인은, 과연 참과 거짓을 따지는 논리학의 기반이 순수 관념으로부터 출발하는 것이 옳은가에 의문을 갖는다. 그렇다면 논리학이 어디에 기대야 하는가? '이성'이라는 초월적인 대상, 범주와 종차라는 관념에 묶이기 이전에 명제는 **사실**을 기술한다. 논고의 근저에 깔린 문제의식은 사실이라는 근원적 현상으로부터 논리학의 언어가 정의되어야 한다는 데 있다. 이 때문에 비트겐슈타인은 사실을 다음과 같이 정의한다.

2       실재하는 어떤 경우, 즉 사실(fact)은 존재하는 사태다.

2.01    사태는 대상들(사물들)의 결합이다.

사실은 참인 사태, 즉 대상들(objects)의 물리적인 결합이다. 그리고 명제의 형식, 즉 명제의 문법적 구조는 철저히 사태의 공간적 구조를 따른다. 논고의 세계 정의가 갖는 철학사적 의미는, 논리학의 기반을 관념에서 공간에 옮기는 것에 있다.

형이상학은 '보이는 것'의 무게로부터 잠시간의 도피이다. 인류는 눈에 보이지 않는 것들이 얼마나 중요한지 철학적 사고를 거치며 깨달았다. 그러나 보이지 않는 것을 우위에 두는 이런 상태의 지속은 '공간'을 이차적인 사실로 몰아냈다. 그러나 공간은 일차적인 사실, 즉 가장 최초의 사실이다. 감각이 포착한 최초의 사실은 공간이다. 이런 까닭에 우리의 논의는 공간, 그리고 공간이 파생하는 '구조'에서 시작한다.

하지만 철학은 철저히 언어로 이루어지는 까닭에, '보여지는 것'을 따지려는 시도는 언어(곧 사고)와 공간의 관계를 고찰하게 만든다. 논고에서 '사고'가 무엇인지를 논하는 과정에서 이런 것이 드러난다. 비트겐슈타인은 사고를 규정하기 위해 '사태'와 '그림'이라는 개념어를 사용한다. 사태는 여러 대상들의 결합이고, 그림은 사태의 모형이다. 우리는 마음속에 그림을 그린다.

여기서 논고는 언어가 가진 '공간 기술 기능'에 주목한다. 이곳에서 드러나는 언어의 특징은 구조상의 대응, 즉 문장 구조와 공간 구조의 대응이다. 그림이 현실을 제대로 묘사하기 위해서는, 그림의 구성요소가 사태의 구성요소와 같은 방식으로 관계 맺고 있어야 한다. 즉, 그림은 사태가 가진 형식을 공유해야 한다.

이런 방식으로 현실과 형식을 공유하며, 그것으로 참과 거짓을 따질 수 있는 그림을 '논리적 그림'이라고 부르며, 이것이 곧 사고(thought)이다. 명제는 사고가 음성기호나 글자

등으로 사영(projection)된 것이다. 이것이 '명제' 그리고 언어다.

이런 특성으로부터 추론 가능한 명제(곧 문장)의 특성은 어떠한 것이 있을까? 하천 변을 달리고 있는 어떤 남자를 생각해 보자. 그 상황을 알고 있는 나는 이렇게 말한다. '남자는 어느 날처럼 달리고 있다.' 그러나, 당신은 이렇게 말한다. '그는 신상 러닝화를 신고 있다.' 이 말을 들은 나는 그것도 맞는 말이라고 한다. 그 상황을 보고 있는 또 다른 사람은 또 다른 코멘트를 남길 수 있다. '남자는 머리를 감지 않았다,' 또는 '그는 남자다,' 등등. 이걸 이렇게 말해 보자. 문장은 어떤 사실의 오직 한 측면만을 기술한다.

원자를 생각해 보라. 우리가 실험 상황에서 어떤 원자의 움직임을 관찰했다고 하자. 내가 이렇게 말한다. '이 원자는 운동하고 있다.' 하지만 당신은 이렇게 말한다. '이 원자는 에너지를 가지고 있다.' 두 문장은 과연 서로 다른 말인가? 두 말의 의도와 의미는 분명 다르다. 그러나 이는 모두 한 현상에 대해 말하고 있다. 문장은 동일한 현상의 한 측면만을 보인다.

'사실', 곧 그것의 일차적 진실인 공간과 구조는 복잡다단하며, 모든 것을 통째로 가지고 있다. 노자의 어휘를 빌려와, 이를 '박(樸)' 즉 통나무와 같은 것으로 보자. 사실은 통나무

같다.

> 통나무를 흩으면 [한낱] 그릇이 되고
> 성인을 부리면 [한낱] 관리가 된다.
> 이렇기에 큰 통치는 쪼개지 않는다.
> 樸散則爲器, 聖人用之則爲官長. 故大制不割
>
> —『노자』28장

사실의 기술은 통나무의 쓰임과 같다. 통나무를 무언가를 만드는 데 쓰면, 통나무는 어떤 것을 위한 목적을 갖게 되며, 목적 실현을 위한 모양에 귀속된다. 무수한 역량을 가진 사람도 바닥 쓰는 일을 시키면, 그 순간만큼은 바닥 쓰는 사람이라는 특정한 활동에 귀속된다. 사실의 기술 또한, 거대한 덩어리인 사실에서 어떤 한 가지 측면만을 남기고 보여준다. 기술되지 않은 사실은 그 자체로 완전성을 지니는 한편, 사실의 기술은 사실의 한 측면을 드러내보인다.

## 2) 언어

이러한 문장의 특성을, 이제 문장의 선형성(線形性)이라고 부르자. 이를 선형으로 부르는 까닭은. 우리가 이제 단어를 점에, 문장을 선에 비유할 것이기 때문이다. 이것의 정당화는 "대상이 단순하다"라는 논쟁적인 구절에서 시작한다.

2.02        대상들은 단순하다.

2.0232        어떤 의미에서 대상들은 색깔 없는 것들이다.

대상(object)은 사태의 구성 요소이다. 대상들의 결합이 사태가 된다. 그런 대상들이 단순하다는 것은 무슨 의미일까? 논고에서 비트겐슈타인은 한 가지 문제에 봉착한다. 어떤 한 대상을 기술할 때, 그것이 다시 대상을 이루는 구성요소들을 기술한 문장들로 분해될 수 있기 때문이다.

이를테면 이렇다. '자동차가 간다'라는 문장을 생각해 보라. 이 말을 곧이곧대로 듣지 않고, 자동차의 각 기관들을 분해해, '가속기가 밟혔다,' '엔진이 작동한다,' '크랭크축이 움직인다,' 등등 의 수많은 기술로 쪼갤 수 있다. 이렇다면, 어떤 자동차의 정확한 기술은 그 자동차의 각 구성요소를 정확히 알고 있는 사람만이 할 수 있다.

그렇다면, 외계생명체를 맞닥뜨렸을 때 우리가 '철학적으로 완전한' 기술을 통해 증언을 해야 한다면, (그리고 그 외계생명체를 기관들이 모인 하나의 복합체로 본다면) 그 외계생명체를 이미 해부해 보았어야 하지 않는가? 이런 난점의 해결은, 대상을 그 자체로 존재하는 것[substance]으로 규정하면 해결된다. 사태의 구성요소인 대상 그 자체에는 어떠한 의미(sense)도 부여하지 않는 것이다.

즉 '자동차가 간다'라는 문장 자체에서, 자동차라는 대상 자체는 그 어떤 의미도 갖지 않는 단순한 대상으로 보는 것이다. 그 자체로 존재하는 것으로 규정된 대상에 대해서는 그것이 어떠한 요소로 이루어지고, 어떤 색깔을 갖는지조차 생각하지 않는다. 그러면 '외계생명체가 도심으로 가고 있다.'와 같은 문장조차 말할 수 있다.

하지만 '외계생명체 도심으로 가고 있다'라는 말을 들었을 때, 당신은 어떤 장면이 그려지는가? 머릿속에 바로 장면이 그려지지 않았다면, '도대체 어떻게 생긴 외계생명체길래…'와 같은 반응을 했을 것이다. 저 문장이 정확한 의미를 갖게 하기 위해서는 지칭된 외계생명체에 대해서 **알아야 한다**. 즉 대상이 단순한 것이더라도, 어떤 기술을 이해하려면 대상에 대해 알아야 한다는 것이다.

여기서 '알아야 한다'라는 말이 가진 의미는 두 가지다. '맥락'을 알아야 하고, 동시에 그것이 '보여지는 것'이어야 아는 것이 된다. 비트겐슈타인은 어떤 문장의 의미를 제대로 이해하기 위해서는, '외적 속성'과 '내적 속성'을 알아야 한다고 말한다.

> 2.01231 만일 어떤 대상을 **알아야** 한다면, 그 대상의 "외적
> 속성"을 알 필요는 없지만, 그 대상의 모든 "내적
> 속성"을 알아야 한다.

여기서 외적 속성이란, 사태의 형식 곧 대상들의 결합이
다. 한편 대상들이 어떻게 결합했는지를 아는 것과 별개로,
사태를 제대로 이해하려면 대상의 내적 속성을 알아야 한다.
이 말은 곧, 대상을 **본 적이 있어야 한다**는 것이다. '자전거
가 간다'라는 말을 이해하려면, 자전거가 어떤 대상인지를 알
아야 한다. 이 말은 곧, 자전거가 사람이 타는 것이며 페달을
밟으면, 특정한 속력으로 갈 수 있다는 등등 자전거라는 대
상 내부의 공간적 구조와 그것을 둘러싼 맥락을 볼 수 있다
는 것을 의미한다.

그러므로 '자전거가 간다'라는 문장을 들으면 자전거를 아
는 사람들은, 자전거를 둘러싼 또 다른 대상, 사람과 페달, 핸
들 등등의 그림을 보며 자전거가 간다는 말을, 그 문장이 발
화된 맥락에 맞게 이해한다. 그렇지만 '자전거가 간다'라는 말
이외에 사람, 페달, 핸들 등등의 단어들을 말할 필요는 없다.
그 기술만으로 충분하다면, '자전거가 간다'라는 문장은 자전

거를 분해할 필요 없이 그 자체만으로도 상황을 기술할 수 있는 문장이 된다.

이렇게 된다면, 자전거는 다른 그 어떤 구성요소들의 기술도 필요하지 않다. 이것이 '대상이 단순하다'라는 말의 의미다. 이제 자전거는 '간다'라는 말에 의해서도 충분히 기술된다. 우리가 자전거가 무엇인지를 알고, 그 사태의 구조를 볼 수 있기 때문이다.

논고에서는 '보여지는 것'이 중요하게 다뤄진다. 이것은 시각적으로 보여지는 것뿐 아니라, 어떤 대상의 공간적 파악, 즉 우리의 구조적 인식 능력을 말한다. 정물화의 구도, 문장의 구조는 그것을 피상적으로 듣거나 본 사람에게는 보이지 않는다. 하지만 그것을 분석해 보거나, 그것의 활용에 익숙한 사람은 그 구조를 **본다**. 보이는 것에 대해서는 우리가 타인의 얼굴을 어떻게 보는지 숙고해 보면 이해하기 좋다.

4.1221 어떤 사실의 "내적 속성"은 (예컨대 우리가 어떤 사람의 얼굴의 특징에 관해서 이야기하는 그런 의미로) 그 사실의 특징이라고 말할 수 있다.

4.123 만일 어떤 대상이 어떤 속성을 소유하지 않는다고 도저히 생각할 수 없다면, 그 속성은 그 대상의 "내적 속성"이다.

(이 파란 색조와 저 파란 색조는 그 자체로 더 밝고 저 색조는 더 어둡다는 "내적 관계"에 있다. 이 두 대상이 이러한 관계에 있지 않을 것이라고는 도저히 생각할 수 없다.)

비트겐슈타인은 얼굴과 서로 다른 두 파란 색조를 내적 속성을 갖는 것, 곧 보여지는 것의 사례로 든다. 여기서 보여지는 것, 즉 구조는 얼굴의 구조적 특징, 그리고 두 파란 색조의 밝기 차이이다. 얼굴과 두 파란 색깔의 밝기 차이는 우리의 눈에 명확하게 보인다. 그리고 그의 얼굴이 이렇게 생겼다는 깃, 그리고 두 파란색 중 어느 것이 밝고 어둡다는 것은 우리에게 명료하게 보인다. 그러나 얼굴이 어떻게 생겼는지, 두 파랑색이 어떻게 그렇게 보이는지를 우리는 기술하여 보여 줄 수는 없다. 우리는 사람 A의 얼굴을 코가 크고 날렵하며, 눈 밑 주름이 패여 있고, 머리가 커다랗고, 머리가 짧고… 등등으로 묘사할 수 있지만, 그것은 얼굴의 단편들을 나열할 뿐, 우리에게 그것 전체가 어떻게 보여지는지를 기술하여 전달해주지 않는다. 그러나 사람 A와 마주했을 때, 우리는 단박에 그의 얼굴을 보고 기억하며 알 수 있다. 색조 또한 마찬가지다. 명도라는 개념어를 사용하여 명도가 높다 낮다라고 기술해볼 수도 있지만, 그것만 듣고서는 그 파랑색이 어떤 파랑색인지, 어떻게 다른지를 우리는 모른다. 보아야만 아는 것이다. 그게 바로 내적 속성이며, '구조'이다. 그것은 보여지는 것이고, 기술만으로는 불완전하다.

즉, 우리는 공간에 대한 인식, 즉 구조에 대한 앎을 선형적인 언어를 통해서는 깨우칠 수 없다. 구조는 오직 보아야만 안다. 우리가 언어를 통해, 구조를 상상하고 그것을 보는 것을 도울 수는 있지만, 논리적 서술 자체는 구조를 완전하게 재현할 수 없다. 언어는 문장에 기반하고, 문장은 선형적이기 때문이다.


4.021 명제는 사실의 그림이다. 왜냐하면 만일 내가 어떤 명제를 이해한다면 나는 그 명제가 표현하는 상황을 알기 때문이다. 게다가 나는 그 명제의 "의미"에 대한 설명을 전혀 들은 적이 없는데도 그 명제를 이해한다.

4.022 명제는 자신의 "의미"를 보여준다.
명제는 만일 그 명제가 옳다면 사물들이 어떤 상태로 있는가를 보여준다. 또 사물들이 그런 상태로 있다고 말한다.


비트겐슈타인은 명제가 자신의 의미를 보여준다고 말한

다. 보여준다(show)라는 말의 의미를 우리는 두 가지로 생각해야 한다. 먼저, 명제는 사물들의 상태, 즉 구조를 보여줘야 한다. 논리적 그림이라는 말 그대로, 명제를 보면 그림이 어떤 사건을 우리에게 전달하고 싶은지가 드러나야 마땅하다. 둘째로, 우리는 어떤 문장을 들으면 말로는 설명될 수 없지만 이해되었다는 느낌을 받는다. 비트겐슈타인은 세계와 명제가 공유하는 논리적인 형식이 어떠한지를 언어로 담아낼 수 없다는 데 많은 지면을 할애하고 있다. 의미를 갖는 문장과는 다르게, 우리는 본다(see). 어떤 사람의 얼굴 생김새, 또는 어떤 무늬의 형태(이를테면 얼룩말의 무늬)를 문장에 완벽하게 남아낼 수 없지만, 그것을 기억하고 그것에 익숙해지면 알아볼 수 있듯이 명제의 의미도 말로는 설명할 수 없는 방식으로 우리가 보게 된다.

이 말을 비트겐슈타인은 다음과 같이 정리하고 있다.

4.121 명제들은 논리적 형식을 표현할 수 없다. 논리적 형식은 명제들 속에서 제 자신을 보여주고 있다.

즉 우리는 형식을 언어로 표현할 수는 없지만, 우리가 언어에 익숙해진다면, 형식은 보여지게 된다.

4.023 명제는 사태에 관한 기술이다.

어떤 명제든 "논리적 비계(飛階, 발판)"의 도움을 받아 세계를 구성하며, 그래서 우리는 만일 그 **명제가 옳다면**, 모든 사물이 논리적으로 어떤 상태에 있는지 **그 명제로부터 실제로 알 수 있다.**

그런 형식들의 도움을 통해, 명제로부터 다시 세계의 그림을 마음속에 그릴 수 있다. 그러므로 우리는 문장을 통해 새로운 정보의 습득이 가능하다.

4.1221 어떤 사실의 "내적 속성"은 (예컨대 우리가 어떤 사람의 얼굴의 특징에 관해서 이야기하는 그런 의미로) 그 사실의 특징이라고 말할 수 있다.

4.123 만일 어떤 대상이 어떤 속성을 소유하지 않는다고 도저히 생각할 수 없다면, 그 속성은 그 대상의 "내적 속성"이다.

(이 파랑 색조와 저 파랑 색조는 그 자체로 이 색조는 더 밝고 저 색조는 더 어둡다는 "내적 관계"에 있다. 이 두 대상이 이러한 관계에 있지 않을 것이라고는 도저히 생각할 수 없다.)

비트겐슈타인이 내적 속성의 사례로 든 것은 어떤 사람의 얼굴 특징, 그리고 서로 다른 명도를 지닌 파란 색조다. 우리는 위에서 언급한 이유로, 어떻게 두 파란 색조가 파란지를 말할 수 없다. 더불어 그 사람의 얼굴이 총체적으로 어떻게 생겼는지를 정확하게 기술할 수 없다. 스피노자의 초상이 높은 코와 긴 얼굴을 가졌다는 기술, 비트겐슈타인의 얼굴이 각지게 생겼다는 기술만으로는 두 사람의 초상을 보지 못한 이가 얼굴을 알게 되기 쉽지 않다. 그들의 얼굴을 아는 가장 간단한 방법은 그 초상을 그저 보여주는 것이다. 우리는 두 사람을 보자마자, 두 사람의 얼굴이 어떻게 생겼는지, 어디가 그 사람을 그 사람으로 만드는지를 **본다**.

4.1212 오직 보아야만 알 수 있는 것은 우리가 말로 대신할
      수 없다.

그런 의미에서 내적 속성은 오로지 **보여질** 수만 있고, 말해질 수는 없는 것이다.

이제 우리의 문장 이해를 이렇게 정리할 수 있다. 사태는 대상들로 이루어진다. 사태를 논리적으로 기술한 그림이 명제이고, 우리는 대상을 안다면 기술된 것의 구조를 문장에서 볼 수 있다. 문장의 구조로부터 사태의 구조를 볼 수 있다.

그리고 구조로부터 명제의 의미(sense)를 알 수 있다. 한편 문장은 선형적이다. 문장이 구조를 드러낸다고, 또 그것을 볼 수 있다고 하여 사실 전체를 담지는 못하며 오직 단편적 측면만을 기술한다. 어떤 대상 A를 설명하는 것은 설명의 의도에 적합한 A의 여러 단편적인 문장들을 기술하는 것이 된다.

이런 맥락에서 다음 구절을 보자.

3.144 상황들은 기술될 수 있을 뿐이지 이름으로 지칭될 수 없다. (이름들은 점과 같고, 명제들은 화살과 같다. – 명제들은 의미를 갖고 있다.)

사태는 기술되는 것이지, 이름이 붙는 게 아니다. 한편 대상은 이름으로 지칭한다. 그럼 어떤 대상의 정의를 다음과 같이 도식화할 수 있다.

(이름은 점으로, 문장은 선으로 표현한다.)

A라는 대상을 설명하는 두 가지 기술은 한 점에 모인다. 이 점은 A, 즉 이름을 갖는다. A는 선에 의해서 기술되며 A는 그것을 기술하는 선이 연결되지 않는다면 아무런 의미도 없다. 선이 없는 A는 공허하다. 다시 말해, A는 선에 의해서 기술되며, A는 선에 의해 의미를 갖는다. 이때 구분되는 두 선은 각각 어떤 사건의 서로 다른 측면을 기술한다. 사람은 그 측면을 기호로 기술할 수 있지만, 동시에 그것의 내적 속성(보여지는 것)과 사태의 맥락을 공간적 기억으로 가지고 있다.

이제 나는 이를 '사고선'이라고 부를 것이다. 왜냐하면, 우리가 어떤 대상을 인식하고 대상화하는 방법, 곧 사고의 방법도 이와 같기 때문이다. 우리의 판단과 사고는 '선'으로 분석, 설명될 수 있다. 사고, 기억을 선으로 구조화하는 것이 어떻게 사고를 분석할 수 있는가를 여기서 짤막하게 다루고 가자.

선은 기본적으로 한 사건에 대한 기억이다. 선은 해당 사건을 장면으로써, 곧 공간기억으로써 구조화하는 가상의 도식이다. 이 선들이 한 점에 모이면서 대상을 형성한다. 수많은 선에 의해 지탱되어 고정된 점을 우리는 대상(object)으로 인식하며, 이 경우에만 대상을 기술하고 사고할 수 있다.

선에 대한 정당화는 다른 글에서 하기로 한다. 여기서는 선이 갖는 특징을 간략하게만 언급하겠다.

1. 선은 복잡한 뇌구조를 축약해 표현한 추상적 도식이다. (하지만 물리적으로 공간을 점유한다고 가정한다.)
2. 선은 사고의 단위이다.
3. 선은 수많은 점으로 구성되며, 자신을 드러내지 않는 점은 맥락을 지시한다.
4. 자신을 주장하는 점은 힘을 갖는다.
5. 힘을 갖는 점은 선을 구부린다.

바실리 칸딘스키의 점과 선 연구를 고찰해 보면 다음과 같은 결론을 얻을 수 있다. '꺾인 선은 꺾인 부분의 힘을 보여 준다.'[7] 어떤 선이 꺾인 이유는 그 부위에 강한 힘이 작용했음을 보여 주는 것이다. (한편 선이 구부러지는 이유는 선의 여러 방향의 힘이 우위 없이 동시에 작용하기 때문이다.)

점은 공허하다. 점에 연결된 선들이 그 점에 해당하는 대상을 기술하면서 의미를 부여하기 때문이다. 하지만 수많은 선들에 연결되며 점차 점은 자신을 드러내고 힘을 갖는다.

---

7) "교체하고 있는 힘이 점에서 더 많이 작용하면 할수록 그 방향은 더욱 더 달라질 것이다.", 바실리 칸딘스키, 『점·선·면』, 차봉희(2019, 열화당), 72p

사고선이 기억 속 사물을 어떻게 '대상'으로 만드는지를 설명해 보자. 두 가지 방법이 있을 수 있다. 태킹(tacking)과 타잉(tying)으로 부르자. 말 그대로 전자는 압정을 꽂고 그곳에 선을 연결하는[tacking] 방법이고, 후자는 특정 지점에서 선을 묶어내는[tying] 방법이다.

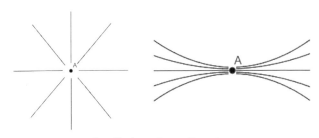

[그림] 좌 : tacking, 우 : tying

첫 번째 방법은, 본능에 의해서 또는 언어에 의해서, 포착된 어떤 대상의 인상착의나 행동을 선으로 만들어 점을 고정하는 방식이다. 길을 가는데 누군가 길에 묶여 있던 자전거를 절단기로 끊고 가져간다. 그러나 거동이 너무나도 수상하다. 이 경우 해당 인물의 인상착의를 통해, 그를 대상화한다. 마스크와 선글라스를 쓰고, 녹색 비니를 눌러썼다. 검정바지 검정 재킷에, 키는 170㎝ 후반 정도 되어 보였으며 등등⋯ 길을 걷던 도중, 마주친 다른 사람의 경우 대상화되지 않아 기억되지 않지만, 이 사람은 여러 인상착의들이 선을 통해 구성되며 특정 맥락에 고정된다. 이것이 태킹이다.

두 번째 방법은 여러 번 마주한 어떤 대상을 묶어내, 특수화하는 방식이다. 어떤 책방 주인이, 매주 동일한 시간에 책방에 들러 책을 사가는 어떤 손님을 보고서 특수화하는 경우를 생각해 보라. 이는 흔히 말하는 추상과 비슷하다. 한 아이가, 생선은 다 같은 줄 알고 있었다고 해 보자. 특정 생선의 맛이 더 깔끔하고 비리지 않다는 것을 알게 된 순간, 그 아이는 해당 생선을 다르게 분류하게 된다. 해당 맛에 그 물고기가 연결되면서, 그 특징의 물고기만 특수화되며 구분이 가능해진다. 여러 선이 구부러지며 한 점을 중심으로 정리 또는 재편된다. 이것이 타잉이다.

선은 맥락에 의해 지시된다. 선이 외부 자극이나, 특정 규칙하에서 '점화'되면(즉, 장면을 상기하거나 판단을 하면) 선은 당분간 활성화된 상태가 된다. 그리고는 선과 각 선의 부분들, 곧 보이지 않는 점에 연결된 다른 보이지 않는 선들이 맥락을 지시한다. 지시된 맥락은 다음 사고가 특정 맥락하에 위치하게 하여, 앞서 지시된 맥락하에서 다음 사고/문장이 명료한 의미를 갖게 된다.

'사고선' 이론의 쓰임이 다른 장에서 다시 등장하겠지만, 이 이론이 가진 이점들이 많다. 가장 간단한 예로, 대부분의 사람들은 동음이의어를 잘 혼동하지 않는데, 동음이의어는 서로 다른 맥락, 서로 다른 선에 엮여 있기 때문이다. 어떤 단어를 듣는다면 지시된 맥락에 맞는 대상을 떠올리므로 단지 대상의 이름이 같다는 이유만으로 사물들을 혼동하지 않는다.[8] 동일한 원리로, 맥락이 지시되지 않은 상황에서는 동음이의어를 들었을 때, 어떤 의미인지 혼동할 수 있다.

또 다른 예시로, 언어가 그 단어의 어원이나 유래에 관계 없이 현재의 쓰임에 따라 의미를 갖는다는 점이 있다. 우리 말의 휴대폰, 핸드폰, 스마트폰 따위의 단어에 쓰이는 '폰'은, 그 어원상 영어인 cellular phone 또는 mobile phone에서 유래하고, 영어의 phone은 tellphone에, 그리고 이는 다시금 그리스어의 τῆλε(tête, 멀리)+φωνή(phōnḗ, 음성)에 유래한다. 그러나 '폰'이 고대 그리스말에서 왔다는 사실은 전혀 중요하지 않다. '폰'은 그것이 사용된 다양한 기억, 즉 선에 의존하여 그 쓰임에 따라서만 의미를 가진다. 그리고 우리가 매일 쥐고 다니는 그것으로 의미가 단단히 고정된다. 단어의 정의나 어원은 또 하나의 선으로서, 단어의 의미를 한정짓는 또 다른 쓰임일 뿐, 그것이 없더라도 선에 의해서 우리는 그 것의 의미를 확정짓는 느낌을 갖는다. 안녕이라고 말을 할

---

8) 소쉬르, "어떤 순간에도 화자의 언어의식은 음성은 같아도 가치가 다른 요소들을 비교하지 않는다", 페르디낭 드 소쉬르, 『소쉬르의 1차 일반언어학 강의 : 1907』, 김현권(2021, 그린비), 158p

때, 우리는 반가운 느낌과 관련한 기억만을 의미로 생각하지, 한자 뜻 그대로를 생각하지 않는다.

이렇듯 우리는 선을 구조화하여, 점을 형성해 대상을 인식하고 기억한다. 사고에 점과 선이 쓰이므로, 사고란 선의 일시적, 영속적 구조화라고 할 수 있다. (『철학적 탐구』에 등장하는 '쓰임'을 사고선에 대응할 수 있다. 쓰임에 따라서 단어의 의미가 결정된다는 설명과 선의 정의가 일치하며, 이를 한 단어를 둘러싼 선으로 쓰임과 단어의 관계를 도식화할 수 있다. 특정한 쓰임을 통해서만 어떤 말의 의미를 알 수 있기 때문이다. 그러므로 단어의 정의는 사회적 쓰임에 종속되며, 의미의 가족유사성은 다시 각 개인의 기억에 종속된다.)

이 모든 것은 각자가 뇌의 상태에 따라 사물을 판단한다는 것을, 또는 각자가 자신의 표상력이 자극받는 방식을 사물 자체로 받아들인다는 것을 충분히 설명해 준다.[9]
    – 스피노자, 『에티카』 1부 부록

이렇게 연결된 선의 체계는 우리가 세상을 바라보는 방식을 구조화한다. 사고(또는 언어)를 통해 우리는 일시적으로 선을 구조화한다. 사고는 점 간의 일시적인 연결로 이해될

---

9)  바뤼흐 스피노자, 『에티카』, 황태연(2014, 비홍출판사), p99

수 있는 것이다. 한편 반사적으로 느껴지는 감정, 또는 의미상 매우 중요하다고 느껴지는 감정을 통해 선은 거의 영구히 사람 안에 구조화될 수 있다. 우리는 선을 통해 세계에 의미(sense)를 부여하며, 우리는 선에 의해 세계를 정리하여 받아들일 수 있다.[10]

나는 사고가 가능한 동물들조차, 이러한 기억에 기반한 대상화 및 정의를 본능적으로 한다고 생각한다. 그런데 인간은 사고를 음성상징에 훌륭하게 결합하는 능력이 유전자에 새겨져 있다. 언어학을 통해 알려진 인간의 언어적 '결합(merge)' 능력, 그리고 문장을 구조화하는 능력은 인간에 특유한 것이다. 인간은 우리 머릿속 사고선 체계를 수월하게 언어화할 수 있는 능력을 타고났고, 그게 유독 인류가 성공적으로 문명을 이룩할 수 있는 기원이었다고 나는 믿는다.


## 3) 규칙 따르기

다시 비트겐슈타인으로 넘어와 보자. 논고에서 비트겐슈타인이 중점을 둔 것은 논리학의 기반이다. 한편, 후기 저작 『철학적 탐구』에는 논고와는 다른 성격의 언어적 고찰이 이

---

10) 선에 대한 조금 더 구체적인 논의를 부록에 실어두었다.

루어진다. 언어가 가진 의미보다 언어를 둘러싼 맥락을 고찰하기 시작한다. 이런 고찰들에서 우리는 일상이라는 커튼에 감춰져 있던 인간을 발견할 수 있다.

철학적 탐구에서 우리가 주목할 것은 '규칙 따르기'이다. 비트겐슈타인의 탐구주제 중 하나인 다음을 보자. '나는 이 수열을 안다'는 말은 무엇을 의미하는가?

§186. 당신이 "+2"라는 명령을 내렸을 때, 당신은 그가 1000 다음에 1002를 적어야 한다는 의미였다.–그렇다면 당신은 그가 1866 다음에는 1868을, 10034 다음에는 10036을 적어야 한다 등등–그런 무수히 많은 문장-을 의미했는가?–"아니다. 나는 그가 적은 **각각의** 수 뒤에 그다음 다음 수를 적어야 한다는 뜻이었다. 그리고 이로부터 그 모든 문장이 차례로 따라 나온다."–그러나 바로 그 점이 문제가 된다.

§146. 이제 내가 이렇게 묻는다고 치자: "학생이 백의 자리까지 수열을 전개한다면 그 체계를 이해한 것인가?" 또는 (…) 만일 학생이 거기까지 수열을 전개한다면 나는 그 체계를 아는 것인가?–여기서 당신은 이렇게 말할 것이다: 그 체계를 알았다는 (또는 그것을 이해한다는) 것은 이 숫자나 저 숫자까지 수열을

전개하는지의 여부에 달려 있을 수 없다. (…) 이해 자체는 그로부터 올바른 쓰임이 비롯되는 하나의 상태이다.

어떤 아이에게 2, 4, 6, 8, 10. . . 따위의 수열을, 또는 0, 1, 3, 6, 10. . . 따위의 수열을 가르친다고 해 보자. 나는 그 아이가 수열을 올바로, 수십 번 이상 전개할 수 있다는 것을 알았다. 그리고 나는 그 아이가 그 수열을 안다고 말한다. 그가 '나는 이 수열을 전개할 줄 알아요!'라고 말한다면, 나는 당연히 그가 그 수열의 50번째, 100번째, 150번째 수에서도 당연히 전개를 할 수 있다고 말한다.

이제 다음 사례를 보자. 무한히 긴 철길이 앞에 놓여 있다고 상상해 보라. 무한히 놓여 있으므로, 내 눈에 보이는 구간과, 그 너머 보이지 않는 구간이 있을 것이다. 이것은 수열과 똑같다. 내가 당장 전개한 것은 눈에 보이지만, 우리는 그 이상도 전개할 수 있을 것 같이 느낀다. 마치 보이지는 않지만 무한히 놓여 있다는 것을 아는 철길처럼 말이다.

§218. 한 수열의 시작 부분은 눈에 보이지 않게 무한히 놓인 철길에서 눈에 보이는 부분에 해당한다는 생각은 어디에서 오는가? 자, 우리는 규칙 대신에 철길

을 상상해볼 수 있을 것이다. 그리고 규칙의 무제한 적용은 무한히 긴 철길에 대응한다.

규칙은 이렇듯 그것에 맞게 무한정 적용될 수 있다고 느껴지며, 이것에 따라 느끼고 사고하고 표현하는 것이 바로 "규칙을 따르는 것"이다.

그러나 규칙 따르기에는 다음의 특성이 있다.

§202. 그러므로 '규칙 따르기'는 하나의 실천이다. 그리고 규칙을 따른다고 생각하는 것은 규칙을 따르는 것이 아니다. 그렇기 때문에 '사적으로' 규칙을 따르는 것은 불가능하다.

§219. 규칙을 따를 때 나는 선택하지 않는다. 나는 규칙을 맹목적으로 따른다.

규칙 따르기는 규칙을 **맹목적으로** 따르는 것이다. 이것은 우리가 보드게임의 규칙을 의논하는 것과 다르다. 여기서 규칙은 우리가 문장으로 말할 때, 문법을 선택할 수 없는 것과 같다. '규칙 따르기'는 우리가 훈련되고 적응하며 느껴지고, 결론적으로 그 결과를 볼 줄 알게 되는 상태이다. 이것은 마치 외국어를 배우는 때나, 처음 방문한 장소의 공중도덕에 대해 느껴지는 것과 같다. 우리는 규칙에 익숙하지 않아 사람들의 표현과 행동이 낯설겠지만 그 규칙을 따르는 사람들은 이를 너무나 당연한 듯이 따르고 있다. 서로 다른 사람들이 기차 승강장에서나, 버스정류장에서 별 생각 없이 비슷한 행동을 하는 것과 같다.

철학적 탐구에서 찾을 수 있는 규칙 따르기의 특징은 다음과 같다. 첫 번째, 말로 하지 않는다. 규칙을 따르는 것을 말로 표현할 이유가 없다. 따른다고 생각조차 하지 않는다.

§84. 나는 누군가 항상 현관문을 열기 전 그 뒤쪽에 끝없이 깊은 구렁텅이가 벌어져 있지 않은지 의심하고, 문을 지나기 전에 반드시 이를 확인하는 것을 쉽게 상상해 볼 수 있다. (그리고 어떤 경우에는 그가 옳은 것으로 판명될 수도 있다.)-하지만 그렇다고 해서 내가 그런 경우를 의심을 하지는 않는다.

우리의 상상이나 사고와는 별개로 우리는 규칙을 따른다. 규칙 따르기는 습관적이며 본능적이다. '체득'되었다는 말이 적당하다.

두 번째. 그렇게 하는 게 맞다고 느낀다. 특정한 행위에 대한 일치하거나 틀리다는 미묘한 감각이 있으며, 이 감각에 따라 그 규칙을 올바로 따르는지 그렇지 않은지에 대한 판단을 가질 수 있다.

> §141. 여기에는 하나의 정상적인 경우와 비정상적인 경우들이 있다.
>
> §231. "하지만 당신은 분명히 . . . 을 본다!" 그것이 바로 규칙의 강요를 받는 사람 특유의 표현이다.
>
> §238. 내게 규칙이 그것의 모든 결과를 미리 낳은 것처럼 보일 수 있으려면, 그것은 내가 이 색깔을 "파랑"이라고 부르는 것만큼이나 내게 **자명**해야 한다.

다시 말해, 규칙을 따르는 사람은 규칙을 잘못 따르는 것을 당연하게 구별할 수 있다. 또한 규칙을 따르는 올바른 행위에 대한 예시를 머릿속에 그릴 수 있다. 이것은 말로 표현되거나 판단되기 이전에 느껴진다.

세 번째. 해당 상황과 관련된 행위와 표현들을 배우고 적응한다.

> §208. 내가 먼저 하고, 그는 나를 따라서 한다. 그리고 나는 동의, 반대, 기대, 격려를 표현하면서 그에게 영향을 미친다.

규칙 따르기는 특정한 인식의 상태지만, 그것은 특정한 행위와 결부되어 있다. 규칙의 체화자는 드러나는 행위 및 언어적, 감정적 표현을 통해서 어떤 사람이 규칙을 따르는 중인지 그렇지 않은지를 타인에게 전달할 있다. 그래서 어떤 규칙을 배우는 사람은 가르치는 사람에 의해 긍정 또는 부정 피드백으로 그 규칙을 배운다.

다시 철길로 돌아오자. 우리는 '무한한 철길' 그림의 규칙을 따르며, 일부 보여지는 철길을 제외하고도 보이지 않는 철길도 **본다**. 비트겐슈타인은 이 경우, 보여지는 철길을 '상징'이라고 칭한다. 그 철길은 무한한 철길의 얼굴로서, 그 철길을 통해 우리는 보여지지 않는 무한한 철길을 보기 때문이다.

§193. 그 자체의 작동 방식에 대한 상징으로서의 기계.
(…) 우리가 기계를 안다면 나머지 모든 것—즉 기계가 하게 될 움직임—은 이미 완전하게 결정되어 있는 것처럼 보인다.
우리는 마치 기계의 이 부분들은 이런 식으로만 움직일 수 있다는 듯이, 그 외의 다른 일은 할 수 없다는 듯이 이야기한다. 어떻게 그런가?—우리는 그것들이 구부러지고, 망가지고, 녹을 수 있다는 등의 가능성을 잊고 있는가? 그렇다. 많은 경우에 우리는

그런 가능성을 전혀 상상하지 않는다. 우리는 기계
나 기계의 그림을 기계의 특정한 작동 방식에 대한
상징으로서 사용한다.
(…) 상징으로서의 기계의 움직임은 주어진 어떤 실
제 기계의 움직임과는 다른 방식으로 미리 결정되
어 있다.

　우리가 일상적으로 어떤 기계를 다룬다고 하자. 우리는
일을 하거나 기계의 작동을 설명할 때 일종의 상징으로서 그
기계를 본다. 우리가 보는 것은 기계가 할 수 있는 모든 움직
임이다. 하지만 여기서 우리는 기계의 벽이 무너져 내리거나
톱니바퀴가 녹아내리거나 내부와 표면이 뒤집히는 등의 비
일상적인 경우를 떠올리지 않는다. 상징으로서의 기계는 오
직 작동방식과 결부된 기계의 형상만을 보여 준다.
　이러한 상징으로서 기계는 '안다'라는 특정 상태와 결부되
어 있다. 우리가 어떤 것을 안다고 할 때, 그것을 수만 번 본
다고 하더라도, 그것을 어떻게 사용하는지 또는 그것이 어떻
게 행위하는지 예측 가능하다는 의미로 우리는 그것을 안다
고 말한다. 특정 기계를 안다고 말할 때, 이를 망치처럼 내려
치는 데 사용하거나 야구공처럼 던지는 용도로 사용할 가능
성을 알 필요는 없으니 말이다.

새로운 단어를 도입하자. 특정한 규칙을 따르고 있는 상태를 이제 규칙상태, ruled-state라고 부르자. 규칙은 그 규칙의 영향을 받기로 되어 있는 모든 것이 그것을 따르게 강제하는 것이다. 스피노자는 필연을 다음과 같이 정의한다. 어떤 것이 다른 것에 의해 작용하도록 결정되는 것이 필연이다.[11] 필연적인 것은 강제적이다. 규칙상태란 필연성에 의해, 특정한 규칙을 계속해 따르는 상태다.

우리는 비록 같은 강물에 발을 두 번 담글 수 없지만, 한 방향으로 꾸준히 흐르는 그것을 강이라는 대상으로 대상화하여 인식한다. 다르게 말하면, 우리는 강을 인식할 때, 이를 하나의 규칙상태로서 대상화한다. 규칙상태는 인식에 있어 특정한 구조와 성질이 지속된다고 전제하는 하나의 상태다.

수열을 전개할 수 있는 것과 무언가를 이해하는 것은 하나의 행위가 아니다. 이것은 **특정한 규칙을 따르는 한 상태**가 형성된 것이다. 특정한 시점에 일시적으로 일어나는 행위들과 달리, 무언가에 대한 이해는 이해의 순간 하나의 안착된 상태로서 우리에게 다가온다. 이 때문에 어떤 것에 대한 이해는 행위와 달리 영속적일 수 있다. 그것이 실제 받아들여진 맥락에서 어떻게 나타나고 쓰일지를 아는 것이기 때문이다. 이런 의미에서 이해는 인식의 규칙상태다. 어떤 상태

---

11) 『에티카』 1부 정의 7 참고

가 깨어지기 전까지는 그것이 계속 그러한 것이 자연스럽다고 느낀다.

우리 인식은 특정한 규칙상태의 상정으로부터, 특정한 공간과 구조 및 현상들이 지속적으로 일어날 것으로 여기며, 바로 그것을 그렇게 여기기에 우리는 그것을 행위 시에 요소 또는 바탕 환경으로서 활용할 수 있다. 우리는 이러한 규칙상태를 (알고는 있지만 그것을 의식 수준에서 인지하지 않는다는 점에서) 비의식적으로 따른다. 규칙상태는 모든 사고와 행동의 전제로서 작동한다. 그것이 당연하다고 여기며, 언급하거나 표현할 필요조차 없다. 오히려 의식적으로 드러나지 않기에, 의식은 더욱 복잡한 일을 행할 수 있다. 이는 마치 충분히 깊은 물처럼, 차곡차곡 쌓여 어떤 큰 배라도 띄울 수 있게 만든다. 당연시되고 전제된 게 많을수록, 행위는 더욱 복잡하고 다양하며 고차적으로 이루어지는 것이 가능하다. 두텁게 쌓인 공기만이 큰 새가 비행할 수 있게 만들듯이 말이다.

그러므로 모든 것이 규칙에 맞게 자연스럽게 행위되는 이상적 상황에서는 언어조차 필요하지 않다. 모든 것이 익숙한, 자동적인 상태이며 그대로 움직일 것이기 때문이다. (오히려 이 경우 언어는, 또 다른 규칙 따르기 즉 유희와 휴식의 수단으로 전락하며, 진실과 무관한 것들을 담으며 그것의 사회적인 임무를 수행하는데 그친다.)

물론, 우리의 실제 생활은 익숙한 것들에만 그치지는 않는다. 기대치 않았던, 몰랐던 수많은 것들이 익숙하고 안정된 것들에 개입한다. 규칙상태의 상정이 함축하는 바는 특정한 규칙상태가 깨어지는 경우가 존재한다는 것이다. 생명의 죽음이 대표적이다. 많은 날들을 반복적으로 생명활동하고 이어지는 생명이라는 규칙상태가 깨어지는 것은 바로 죽음이며, 그러므로 낯설고 비일상적인 것으로 인식된다. 이런 거창한 것도 있지만, 낯선 이와의 조우, 외부인과의 마찰, 갑작스레 수도가 나오지 않는 경우 등 사소한 것도 생각해 볼 수 있다.

규칙상태는 '특정한 구조가 산출하는 반복적인 게임'이다. 그러한 인식은 그것이 잘 깨어지지 않는 경우에 더욱 그렇게 느껴진다. 어떤 버스 노선이 폐지되는 경우를 생각해 보라. 이 사람은 그 버스를 어려서부터 성인이 될 때까지 타왔다. 일상에서 그에게 읍내에서 집으로 돌아가는 길은 항상 그 버스를 거쳐서였다. 하지만 기본적인 방법이던 그 노선이 해당 지역의 인구유출로 인해 폐지되었다면 그는 일상적 행위를 수정해야만 한다. 그것이 규칙상태가 깨어진 경우에 해당한다. 가까운 사람의 죽음을 생각한다면, 이는 더 확실하게 이해할 수 있을 것이다.

규칙상태가 깨졌을 때에야 비로소 우리는 이를 파악한다.[12] 우리는 규칙상태가 깨어진 틈새에서 그 규칙이 존재했는지, 어떤 규칙인지를 인식한다. 그러므로 규칙상태의 해체로부터 어떤 규칙이 있는지를 논할 수 있다.

정리하자면, 규칙 따르기는 우리가 말을 할 필요 없이 아는 당연한 것, 즉 일상에 해당하는 모든 것에 해당된다. 우리의 모든 행위와 언행은 규칙 따르기로부터 비롯되며 이로 인해 비슷한 결과를 반복 산출하는 규칙상태를 이룬다.

난 규칙 따르기에 또 다른 이름을 붙이고자 한다. '아폴론(Apollon)', 곧, 그리스 신화 속 태양신이다. 규칙 따르기에 이 이름을 붙이는 이유는 새로운 이름이 비트겐슈타인이 쓴 단어보다 강렬한 철학적 인상과 쓰임을 부여할 것이라고 믿기 때문이다. 앞서 살펴 본 '상징', 곧 이상적인 상황의 상정, 그리고 어떤 현상과 그 현상의 결과에 대한 믿음을 바탕으로 한 세계인식을 이제 '아폴론'으로 총칭하자. 이제 아폴론과

---

12) "만일 인간의 신체가 어떤 외부의 물체로부터 어떤 방식으로도 자극받아 변화되지 않는다면, 인간 신체의 관념도 (정리 7에 의해), 즉 (정리 13에 의해) 인간의 정신도 역시 어떠한 방식으로도 그러한 물체의 존재의 관념으로부터 영향 받지 않는다. 즉 인간정신은 그러한 물체의 존재를 어떤 방식으로도 지각하지 않는다. 그러나 인간의 신체가 어떤 방식으로 외부 물체로부터 자극받아 변화되는 한에 있어서, 인간의 정신은 (정리 16 및 정리 16의 계 1에 의해) 외부의 물체를 지각한다." 에티카 2부, 정리 26의 증명, (바뤼흐 스피노자, 『에티카』, 황태연(2014, 비홍출판사), 129p)

규칙 따르기의 연관을 니체의 『비극의 탄생』을 빌려와 설명하고자 한다.

꿈의 경험에 필연적으로 수반되는 기쁨을 그리스인들은 아폴론 신이라는 형상 속에 표현했다. 모든 조형력의 신인 아폴론은 예언의 신이기도 하다. 어원에 따르면 '빛나는 자', 빛의 신을 의미하는 그는 내면의 환상세계의 아름다운 가상까지도 지배한다. 대낮의 현실이 불완전하게만 이해되는 것에 반해 내면의 환상세계는 보다 높은 진리와 완전성을 갖는다.[13]

니체가 아폴론적인 것으로 부른 것은 '시각적인 도취'[14]이다. 지혜의 신이 내리쬐는 태양빛 아래, 세상은 질서를 부여받고, 완전하게 작동되는 듯이 보여진다. 이것은 마치 꿈과 같다. 아폴론은 모든 게 완벽하게 질서 잡히고 통제된다고 느껴지는 특정한 상태를 의미한다. 우리는 이것을 상징으로서의 대상 인식에서 보았다.

이런 의미에서 아폴론이란 (철길에서 보았던) 규칙의 무

---

13) 프리드리히 니체, 『비극의 탄생』, 박찬국(2007, 아카넷), 55p

14) "아폴론적 도취는 무엇보다 눈을 흥분상태에 빠지게 하여 환상(vision)을 볼 수 있게 한다.", 니체, 『우상의 황혼』, 박찬국(2015, 아카넷) 110p

한 적용을 세계인식으로 확장한 것이다. 다시 말해, 이는 우리가 일상적으로 세상을 보는 방식이다. 우리의 인식에 관여하는 모든 규칙이 내가 보는 세계를 질서 잡힌 상태로 정리한다. 규칙 따르기는 그런 인식과 행위의 방식이다. 말로 하지 않아도 자연스럽게 규칙에 따라 행위를 하며, 기대했던 바를 얻는 상태, 이것을 이제 아폴론이라고 부르자.

물레방아는 우리가 기대하는 대로 움직이고, 우리가 원하는 결과도 가져다준다. 하지만 우리가 물레방아를 쓸 수 있는 이유는 이것의 구조와 근저의 모든 원리를 완벽히 이해하고 있어서가 아니다. 물레방아는 우리의 예측과 쓰임에 따라서만 완전하게 작동하는 것으로 존재하면 충분하다. 하지만 물의 흐름에 따라 자연스럽게 돌아가는 물레방아를 가만히 바라다보면, 우리는 당연하게도 그 모든 것을 알고 있다고 생각한다. 아폴론은 이렇게 우리에게 익숙하고 우리가 이미 아는 것을 보여 주며 우리가 기대하는 결과를 약속한다. 또한 우리는 그것을 변동하지 않을 것이라 여긴다.

아폴론은 물레방아를 약속된 것들을 제공하는 상징으로서 존재하게 만든다. 우리가 안다고 자부하는 모든 것을 우리는 단연 이런 방식으로 알고 있다. 우리가 그것을 확실한 앎으로 자부하는 이유는 우리가 그 인식을 거부하는 사실, 즉 규칙상태를 벗어나는 경우를 만나지 못했기 때문이다.

우리는 아폴론 하에서 모든 게 갖춰져 있다고 생각하고 모든 행동방식을 예측 가능하다고 느낀다. 어떤 대상이 무엇인지를 알고, 그것이 행동할 어떤 사건 속에서 이루어질 가능성을 내가 모두 안다고 느끼는 안정된 상태다. 한마디로 요약하면, 아폴론은 인식의 규칙상태가 정착되고 고착화되어, 행위규범들과 자연스럽게 결합한 상태다.

고요함은 곧 필연으로 되돌아감[復命]이다.

필연으로 되돌아감을 항상 그러하다[常]고 하며,

항상 그러함을 아는 것을 밝음[明]로 부른다.

靜曰復命. 復命曰常. 知常曰明.

— 노자, 16장

아는 자는 말하지 않고, 말한 자는 알지 못한다.

그 구멍을 막고 그 문을 폐쇄하며

그 날카로움을 꺾고 그 구분을 해소하며

그 빛을 조화시키고 그 세속에 같아진다.

이것을 현동이라고 한다.

知者不言, 言者不知. 塞其兌, 閉其門, 挫其銳, 解其紛,

和其光, 同其塵, 是謂玄同.

— 노자, 56장

특정한 인식이 아폴론으로 정착되게 되면, 모든 일상적으로 기대할 수 있는 행위로부터 모든 기대되었던 것이 '저절로' 나온다고 상정하게 된다. 합리적이며 유능하다 칭송받으며 그것에 따르면 결과를 보장받는 모든 것은 태양신의 이름에 걸맞다. 그러한 아폴론, 특히나 여러 사람이 공유하는 아폴론의 경우 그것을 체화한 집단 구성원의 직간접적 영향을 통해, 한 개인에게 가르쳐진다. 그리고 집단행위를 옳다고 여기도록, 즉 그 집단이 공통으로 가지는 '올바르다는 느낌'을 체화하게 만든다.

한편 규칙 따르기에 그리스신의 이름을 붙인 또 다른 이유는 니체가 세운 또 하나의 신, '반역의 화신'으로서 디오니소스가 규칙 따르기의 대척점에 존재하기 때문이다.

# 3. 사회학이 철학에서 가져야 하는 위치

§103. 이상은 우리의 생각 속에 확고부동하게 자리하고 있다. 당신은 그것 밖으로 빠져나올 수 없다. 당신은 언제나 돌아와야 한다. 바깥은 없다. 바깥에서 당신은 숨을 쉴 수 없다.–이런 생각은 어디에서 비롯되는가? 그것은 마치 코에 걸쳐 있는 안경과 같아서, 우리는 무엇을 보든 그것을 통해서 본다. 우리는 결코 안경을 벗어버리겠다는 생각을 하지 못한다.

§107. 우리가 실제의 언어를 정밀하게 검토하면 할수록, 그것과 우리의 요구 사이의 갈등은 더욱 심해진다. (결정체와도 같은 논리학의 순수성은 물론 내게 주어진 것이 아니라 하나의 요구였다.) 갈등은 허용 범위를 넘게 되어 이제 그 요구가 공허한 것이 되고 말 위기에 처한다.–우리는 마찰이 없는 미끄러운 얼음판으로 들어선 것이다. 그리고 마찰이 없는 상태는 어떤 의미에서는 이상적이지만, 바로 그 때문에 우리는 또한 걸을 수 없게 된다. 우리는 걷고 싶다. 따라서 우리에게는 **마찰**이 필요하다. 거친 땅으로 돌아가자!

## 1) 모더니즘이 포스트모던으로 이행하며 탈락한 허물 : 집단

철학은 무엇을 드러내려 하는가? 철학은 숨겨져 있는 것을 드러낸다. 밀란 쿤데라는 이것을 커튼 찢기에 비유한다. 어떤 커튼이 우리를 감싸고 있다. 우리는 그것에 익숙해져 그것이 있는지조차 인지하지 못하고 있다. 철학은 그런 익숙한 것을 찢는 칼이자, 그 칼을 쓰는 기술이다. 철학은 익숙한 것에 균열을 내고, 이면에 있는 것을 들춘다. 이것을 성찰이라고 부르자.

개인의 성찰이든 집단의 성찰이든 간에, 철학의 역할은 성찰이다. 많은 훌륭한 철학들은 그 시대를 지배하고 있던 익숙한 것에 대한 성찰으로부터 출현했다. 현실의 추악함에서 탈피하는 길로서 덕을 칭송한 사상이 있다면, 그러한 가치들을 전복하고 도외시되던 것들을 그 위치에 올려놓으려는 철학이 나타난다. 사람에 대한 자비와 올곧음으로 뿌리부터 올곧은 세상을 만들려 한 사상이 있다면, 모두가 칭송하는 가치가 상황에 따라 달라지는 것에 근거한다며 그것의 상대성을 주장하는 철학이 나타난다.

세상 사람들이 모두 아름답다고 하는 것을 아름다운 것으로 알면 이는 추하다.

세상 사람들이 모두 좋다고 하는 것을 좋은 것을 알면, 이는 좋지 않다.

天下皆知美之爲美, 斯惡己; 皆知善之爲善, 斯不善己.

– 노자 제2장

이런 의미에서 철학은 철저한 **탈집단**을 추구해야 한다. 집단은 우리를 익숙한 것 안에 가두기 때문이다. 집단은 아폴론 안에 우리를 가두기 때문이다.

이런 인식 아래, 플라톤을 위시한 고대 그리스의 철학을 들여다본다면 이것은 '무리본능'에 대한 반역이다. 철학 이전에 당연시되었을 한 가지 사실은 인간은 끊임없이 집단에 영향을 받는다는 사실이었을 것이다. 진실의 근거, 더욱이 **의미**로서만 존재하는 진실의 경우는 집단이 그것의 조건이라는 사실을 당연한 듯 여기고 있었을 것이다. 이런 상황에서 집단에 간섭받지 않고도 그 자체로 완전한 진리가 존재한다는 것은 하나의 역설적인 주장이었을 것이다.

이는 이미 아는 것을 의심의 눈초리로 검토해야 한다는 소크라테스의 태도로부터 비롯된다. 고대 플라톤주의의 귀결이 회의주의인 까닭 또한, 철학이 진리를 숭배하지 않고 의심하고 따지는 전통을 만들어갔기 때문이다. 하지만 그런 상황에서도, 철학은 무리본능에 대한 반역의 의식을, 즉 무리에 의탁하지 않고서도 따를만한 것, 로고스와 이데아에 대한 믿음을 신앙처럼 키워나갔다. 이것이 유일신 신앙과 공생하면서, 진리가 집단에 좌우될 수 있다는 사실은 철학 바깥으로 빠져나가며, 철학의 언어는 이 사실을 잊어버린다. 그리고 철학은 점차 정신과 관념을 축으로 삼으며 추상화의 길을 걷는다.

근대를 지배한 합리주의는 문장과 수식으로 모든 앎과 진리를 담아낼 수 있다고 믿었다. 한편 실증주의가 등장하며 자연과학에 실증적 경험연구의 방법을 더하며 관념적 경향의 연구와 다른 결의 연구 방향을 가지게 된다. 사회학 또한 실증주의 과학의 한 분파다. 사회학을 비롯한 사회과학이 역사주의와 실증주의를 방향 삼아 인간, 더 나아가 문화현상을 경험연구의 대상으로 삼으면서 기존에 의지하던 '관념'으로부터 인류는 한 발자국 멀어져 현상들을 이해하기 시작했다.

이런 흐름 속에서 과학과 사회이론의 발달로 패러다임의 전환을 수차례 목도한 그들은 이전 시대의 사람들을 단지 미개하고 무지한 사람으로 볼 수만은 없음을 느꼈다. 그들 또한 그들만의 합리성을 가지고 있었으며, 선하며 명석한 인간들에 의해 승인된 진실을 가지고 있었다. 그렇다면, 그간 진실로 불리던 '이것'은 어디에서 왔는가? 그 추궁의 종착점에서 다시 발견된 것이 무리본능이었다. 진리의 가장 선명한 조건이 집단이라는 것을 철학은 다시금 상기한 것이다.


## 2) 기억과 언어, 그리고 집단

동일한 행위 또는 현상을 만들어 내는 것을 "규칙"이라고
하자. 규칙은 그것을 산출하는 공간적인 구조가 있어야 한
다. 규칙은 공간에 기대 존재하며, 특정한 공간 구조는 특정
한 현상이 산출되도록 강제한다. 따라서 규칙의 지속을 위해
서는 그 규칙을 담보하고 재생산하는 공간적 구조가 있어야
한다.

인간이 따르는 규칙에 대해 논하기 위해, 규칙을 담보하는
기체로서 유기체가 어떻게 발전했는지를 따져 보자. 지속과
보존의 방향으로 나아간 최초의 생명은 동일한 구조를 산출
하는 구조를 지속하고 재생성하는 방식으로 공간에 규칙을
새겼다. 이것이 최초의 구조화이다.

그다음으로 중요한 발달은 '기억'이다. 기억은 현상이 공간
에 그 흔적을 남기는 일이다. 이 정의에 따르면, 지속하는 모
든 사물은 기억을 가진다. 오래된 다리가 있다고 해 보자. 그
다리를 바탕으로 이루어진 모든 현상 중, 다리의 공간적 구조
에 영향을 미친 것은 모두 기억이다. 교전이 일어나 탄흔이

남았다거나, 휩쓸려온 나무가 큰 자국을 남겼다는 등등.

그러므로 공간변화를 이끌어내지 않는 것은 기억이 아니다. 공을 수백 번 튀기더라도 그 탄성력에 의해 똑같이 원상복구 되었다면 그 공에는 기억이 없다. 생명도 마찬가지다. 자신과 타 개체, 환경 사이의 여러 상호작용을 흔적으로서 보유하면 그것이 기억이다.

기억은 규칙을 재생산하는 구조에 간섭하므로 일반적으로 구조를 약하게 만들지만, 일부 구조는 기억을 구조를 강화하는 재료로서 삼았으며, 특히나 개체로서 인간, 또는 집단을 하나의 유기체로 볼 때, 이들은 집단을 구조화하는 뼈대로 삼았다.

기억을 해당 개체의 행위에 활용하는 일이 시작되면, 개체는 타고난 것과는 전혀 다른 규칙에 따를 수 있게 된다. 곧 환경에 적응하며 이루어지는 생성, 곧 규칙의 '입법'이 가능해진다. 특정 맥락에 특정 대상을 귀속시키고, 그것을 행위에 연결시키면서 판단을 가능케 한다. 맥락 A에서, 특정한 냄새 s가 나는 대상 x를 먹었을 때, 특정한 감각(이를테면 맛)이 느껴졌다면, 이로부터 특정한 행위를 산출하는 기억, 즉 '선'이 개체 안에 남는다.

이 선으로부터 (동일한 맥락 또는 다른 맥락 하) 냄새 s가 나는 또 다른 대상 y에 대한 거부 또는 승인이 일어나며, 반복을 통해 규칙상태로 자리 잡은 판단의 연속은 곧 대상이 따르는 규칙이 된다. 곧, 기억에 의해 후천적인 규칙의 구조화가 가능해진 것이다. 후천적인 구조화가 확장시킨 생명의 활동은 복잡화와 지능의 향상뿐만이 아니다. 기억은 개체를 무리화, 집단화하였다. 본능은 오직 암수의 구분까지만 가능하다. 서로 다른 성을 찾아 번식하는 것은 본능이다. 하지만 같은 종 내에서 우리 집단과 타 집단을 구별하는 것은 구조화된 기억에 의존한다. 이러한 무리화는 같은 종 내에서도 자신 무리와 적 무리의 구분할 뿐 아니라, 무리에 특유한 행동습관을 가지는 것을 가능케 했다.

포유류/조류가 폭넓게 따르고 있는 무리 본능 및 현상에서, 인류가 발전시킨 것은 오직 하나뿐이다. 바로 가짜 기억 즉, '가짜 선'의 입법을 가능케 한 것이다. 인류 이전의 모든 선은 본능과 기억, 그리고 경험에서 형성되며, 그로부터 규칙을 파생한다. 하지만, 인류에게 특정한 단 하나의 기능, 즉 '언어'적 본능과 그것으로부터 발달시킨 비상한 상상 능력으로부터 인간 한 개체는 경험하지 않았으며, 실제로 일어나지 않은 현상조차 기억으로서 구조화할 수 있게 되었다.

사실상 개인의 내적 영역에서 고려하는 모든 언어적인 것은 사회적이다. 왜냐하면 외적 발화의 영역에서 모든 사람들의 (관용적 용법으로 승인받지 못한) 것은 언어보고에 침투할 수 없기 때문이다.

– 페르디낭 드 소쉬르[15]

언어는 집단현상이다. 언어는 집단을 그것의 구조로 가지고 있다. 집단이 가진 맥락과 상호작용에 의해 언어는 탄생한다. 집단은 동일한 맥락을 공유하며, 동일한 생활양식을 공유한다. 집단은 그들이 특정 대상에 대한 공유된 언어적 지칭과 인식을 가지며, 공유된 체계를 기반으로 특정한 상황을 기술(describe)할 수 있다.

언어를 통해 기술된 현상을 인간은 그 특유의 상황 재구성 능력으로부터, 이미 알고 있는 맥락 안에 실제 현상으로서 위치시킬 수 있다. 이러한 선의 입법은, 후천적이면서 동시에 비경험적인 규칙을 갖는 게 가능하다는 사실을 함축하며, 이는 다시 **인간의 진실이 공간적일 필요가 없다**는 사실을 함축한다. 이렇듯 집단은 맥락과 언어를 매개로 집단의 특유한 동일화된 인식과 행위를 하는 것이 가능해지며, 이것이 곧 집단이 하나의 문화, 다른 말로는 아폴론을 탄생시키는 게 가능한 이유다. (인간은 음성으로 소통하는 다른 종들

---

15)  페르디낭 드 소쉬르, 『소쉬르의 1차 일반언어학 강의 : 1907』, 김현권 (2021, 그린비), 145p

과는 달리 기의와 결합한 음성상징(당연히 울음과 비명 등은 제외한다)을 타고나지 않고, 태생적으로는 오직 언어적 구조화 능력만을 공유하므로 집단의 언어는 그들의 생활방식 및 아폴론의 성격을 그대로 반영한다.)[16]

그리고 인류의 확장적 성향이 맞닿은 또 하나의 귀결은 '숭배'와 '복종'을 가능케 한 존경과 신성의 감정이다. 그렇다면 인류는 대체 무엇을 존경하고, 무엇을 신성시하기 시작했는가? 비경험적이며, 동시에 후천적인 구성물로서 우리 내부에 존재하는 것, 이제 막 힘을 갖기 시작했으며 모든 맥락과 감정을 탐낸, 하나의 '점'이다.


## 3) 현대 집단의 종교적 성격, 그리고 종교의 메스로서 철학

언어는 쓰임에 의해 생겨나고 쇠퇴한다. 그리고 쓰임이란 해당 집단이 공통적으로 가지고 있는 것이다. 언어는 그것이 사용되는 맥락과 결부하여 쓰임이 만들어지는 하나의 규칙 따르다. 이것은 집단행위이며, 그런 의미에서 하나의 집단

---

16) 그러므로 진정 믿을 만한 것은 과거의 흔적, 퇴적층처럼 사물에 남겨져 있는 기억이다. 기억을 이론이라는 틀을 통해 해석해 진실이라 불러야 마땅한 것을 추출하는 것. 그것이 역사를 다루는 모두가 해야 하는 것이다.

적 '의례(ritual)'다.

언어가 쓰임에서 오는 탓에, 언어는 발화자의 생활과 밀접하게 연관된다. 언어적 발화는 개인의 시선을 드러내는 한편, 해당 인물이 어떤 집단에서 생활하는지를 드러낸다. 집단은 언어를 매개로 공통된 인식을 형성하여 해당 집단이 필요로 하는 의례를 해야 하기 때문이다. 언어는 의례 속에 다시 그것의 한 요소로서 자리 잡는다.

그러므로 한 개인이 쓰는 언어는 개인의 존재조건, 무엇보다 집단에 의해 결정된다. 그리고 어떤 일을 바라보는 관점 또한 집단의 언어에 의해 교정된다. 공유된 실천규범으로서 언어는 무조건적으로 집단을 매개할 수밖에 없기 때문이다. 집단은 여러 의례를 통해, 발화자를 승인하거나 거부하며 그의 언어와 시선을 교정한다. 진리는 언어를 매개로 구조화된다.

그러므로 진리는 집단이 처한 위치에 따라 결정된다. 물리적이든 상징적이든 그것이 처한 **구조**가 한 개인을 구조화하며, 의례의 요소로 가용하게 만든다. 이런 식으로 한 개인 안에 위치하게 된 공동의 인식과 행동의 체계를 부르디외의 아비투스(habitus) 개념이라고 나는 이해한다.

북한과 실제로 분단이 되었는지를 눈으로 확인하고자 하는 사람이 없을 것이다. 그리고 우리가 어떠한 역사를 가지고 있는지 실증적으로 확인하고자 하는 이는 극소수에 불과하다. 우리는 특정한 선을 단지 모두가 공유하고 있다는 이유만으로 맹목적으로 이를 따른다. 그것은 규칙 따르기이자 우리 사고의 기반, 즉 규칙상태가 되어 사고의 구조이자 바탕이 된다. 이러한 사고의 구조 때문에 우리는 휴전선 이북으로 이동한다는 생각이나 판단 자체가 문제 있으며 큰 문제를 일으킬 것이라는 생각을 당연하게 한다. 이는 우리 사고가 만든 구조 때문이다. 사고의 구조는 공간적 구조와 마찬가지로 우리의 판단과 행동을 제약한다.

공유된 인식과 행동방침으로부터 '집단'이라 부를 만한 것이 생겨난다. 그렇게 부를 수 있는 조건은 그들에게 공통된 아비투스인 것이다. 그런 의미에서, 아비투스가 규칙 따르기의 구조라고 보는 측면은 매우 옳다. 그들이 자연스럽게, 일상적으로 하는 모든 행위는 규칙 따르기이자 집단의 공동 의례인 것이다.

그러나 위와 같은 내용을 이렇게 받아들일 수도 있다. 인간의 의식은 어디로 가는가? 개인의 사고과정과 판단은 어디로 가는가? 에밀 뒤르켐은 규칙의 팔로어들(followers)을 그런 상태를 따르기만 하는 기계로 보지 않는다. 그는 의례의 구성원이 그 행위를 **기꺼이** 한다고 본다.

그러나 사실상 사회가 의식에 행사하는 지배권은 사회의

특권인 물리적 지배권보다는 오히려 사회에게 부여된 도덕적 권위에서 기인한다. 만일 우리가 사회의 명령에 복종한다면 그것은 단순히 사회가 우리의 저항을 이겨 낼 만큼 강하기 때문만은 아니다. 무엇보다 사회가 진정한 존경의 대상이기 때문이다. (…) 그것이 명령이고 또한 그 자체의 힘으로만 작용하는 한, 명령은 심사숙고나 계산이라는 모든 관념을 배제한다. 명령은 명령이 주어지는 심리상태의 강력함으로부터 그 효력을 얻는다. 이른바 도덕적 영향력을 만들어 내는 것은 바로 이러한 강력함이다. (…) 그러한 강력함은 순수하게 개인적 의식상태에서는 도달할 수 없는 것이다.[17]

이러한 힘의 예외적인 증가는 매우 실제적인 현상이다. 이러한 힘의 증가는 그가 호소하고 있는 바로 그 집단에서 온다. 그의 언어가 불러일으키는 감정들은 그 자신의 감정을 더욱 강화시킨다. 그가 불러일으킨 정열적인 에너지들은 그의 안에 다시 반향을 일으키고, 그의 활기찬 음조를 복돋워 준다. 말하는 사람은 이제 단순한 개인이 아니라 인격화

---

17)  에밀 뒤르켐, 『종교생활의 원초적 형태』, 민혜숙 및 노치준(2020, 한길사), 448p

되고 화신이 된 집단이다.[18]

　『종교생활의 원초적 형태』에서 어떤 개인이 자신의 행위를 확신하고 기꺼이 따르는 이유는, 그들이 자신들의 지식체계를 누구보다 신뢰하며 그것에 대한 확신이 있기 때문이다. 집단의 언어는 특정한 지식체계를 개인에게 부여한다. 집단은 그 규칙을 따르는 이들에게 적절한 결과로서, 따라도 될, 더 나아가 존경의 대상임을 설득한다. 자신이 믿는 바를 행하는 개인은 집단에 의해 자신의 행위에 확신을 얻는다. 그는 자신이 규칙을 따르고 있는지조차 모른다. 그는 자신이 그렇게 해야 마땅한 것을 따르고 있다고 믿는다.

　이러한 집단의 구성원은 기꺼이 집단을 따른다. 이러한 기꺼이 따른다는 이상적 상태는, 구성원들이 집단에 완전히 동의하지 않는다고 하더라도 구성원이 집단을 따르게 만든다. 구성원은 집단이 제시하는 특정한 상(象)을 이해하고, 그것이 주는 결과물을 기대하며 그것을 따른다. 그것을 따르는 일은 '자연스러운' 일로 자리 잡는다. 구조의 지속 가능한 재생산이 이루어지면 규칙상태로의 정착되며 그것은 자연스러운 상태, 곧 문화가 된다.

---

18)　에밀 뒤르켐, 『종교생활의 원초적 형태』, 민혜숙 및 노치준(2020, 한길사), 453p

현대는 규모가 커지면서, 이러한 원시적인 의존관계를 가진 집단으로만 사회가 구성되지 않는다. 그러나 집단에 기꺼이 따르는 행동은 현대의 여러 집단에 여전히 유효하다. 사람들이 열성적으로 따르는 집단을 살펴보면 쉽게 알 수 있다.

집단은 그 구성원에 공통된 인식이 생겨나면서부터 생겨난다. 이는 정보제공의 구조에서부터 온다. 이것은 공간상의 구획화가 일어나기 시작하면서 생긴다. 텔레비전과 라디오는 대부분의 국민이 동일한 정보를 접하며, 동일한 문화콘텐츠를 소비하도록 구획화한다. 한편 유튜브 등 뉴미디어는 각 개인이 소비하는 콘텐츠에 맞게 정보를 접하도록 구획화한다.

우리는 새로운 시대에 다양한 진실이 난립하는 현실을 보고 있다. 수많은 집단이 자신들만의 언어를 사용하며, 자신들의 진실을 주장하고 있다. 그리고 집단을 기획하고 경영하는 이들은 이런 현상을 전략적으로 이용한다. 이런 세태 속에서 집단을 의식하지 않고서 진실을 논하는 일은 위험하다. 그러므로 다음과 같은 명제를 우리의 전제로 세우도록 하자. 집단이 진실을 담보하며, 따라서 집단이 진실을 만든다.

행위에 가장 깊게 개입하는 것은 집단이다. 사회학은 인간의 행위와 그 맥락을 집단이라는 시선에서 연구한다. 모든 철학자는 규칙상태로 정착한 언어적 습관에서 탈피해, 이면에서 그 상태를 바라보는 일을 필요로 한다. 그러므로 사회학적 시선은 대안적 방도가 아니라, 철학자가 필히 가져야 할 시선이다. 철학자로서 우리는 인간을 둘러싼 집단이라는 피막을 가능한 부분만이라도 벗겨, 하얀 배경에 핀으로 고정해 둔 채 볼 필요가 있다.

# 4. 실체와 샤먼

그러므로 이러한 사유 대상의 소유가 (잠재/가능 상태의) 힘보다 더 사유가 가지는 듯한 신(神)적인 것이며, 이론적인 활동이 무엇보다 가장 즐겁고 가장 좋은 것이다. 그런데 우리가 한때 있는 그런 좋은 상태에 신은 늘 있다면, 이는 굉장한 일이며, 게다가 신이 놓인 상태가 우리의 것보다 더 좋다면, 이는 더욱더 굉장한 일이다. 신은 그런 더 좋은 상태에 늘 있다. 그리고 그는 생명을 또한 가진다. 왜냐하면 사유의 발휘/실현 상태는 생명이고, 신은 곧 발휘/실현 상태이기 때문이다. 신의 발휘/실현 상태가 바로 가장 좋은 영원한 생명이다. 그러므로 우리는 신이 영원한 가장 좋은 생명체라고 말한다. 따라서 그는 끊임없고 영원한 생명을 갖는다. 신은 정말 이러하다.[19]

– 아리스토텔레스, 『형이상학』

이제 우리가 우리의 이 이념[Idee]을 실체화하면서 더욱더 멀리까지 추적해 간다면, 우리는 근원존재자를 최고 실재성이라는 순전한 개념에 의해 유일한 것, 단순한 것, 완전 충족적인 것, 영원한 것 등등, 한마디로 말해 무조건적인

---

19) 아리스토텔레스, 『형이상학』, 김진성 (2022, 서광사), 512p

완벽성에서 모든 주술어들을 통해 규정할 수 있을 것이다. 그러한 존재자의 개념이 초월적 의미로 생각된 신의 개념이다.

(…) 그렇지만, 초월적 이념의 이런 사용은 역시 이미 그것의 본령과 허용의 한계를 넘어선 것이다. 왜냐하면 이성은 이 이념을 단지 모든 실재성이라는 개념으로 사물들 일반의 일관적 규정의 기초에 두었을 뿐, 이 모든 실재성이 객관적으로 주어져 있고, 그 자신이 하나의 사물을 이룰 것을 요구하지는 않으니 말이다. 이 하나의 사물이란 순전히 지어낸 것으로, 이것으로 우리는 잡다한 우리의 이념을 한 특수한 존재자로서의 한 이상 안에 개괄하고 실재회하지만, 우리는 이에 대한 권한이 없다.[20]

– 칸트, 『순수이성비판』

## 1) 실체

철학자들은 자신의 행위규범을 정당화해 줄 어떤 개념들을 가진다. 선(善)과 이데아, 로고스, 힘에의 의지, 정의 등은 그들이 딛는 플랫폼(platform)이라 부를 만하다. 나는 이것에 실체라는 이름을 붙이는데, 이는 스피노자에게서 따왔다.

---

[20]  임마누엘 칸트, 『순수이성비판 2』, 백종현(2006, 아카넷), 760p

이를 설명하고, 이것이 부주의한 명명이 아님을 아래 설명과 그 쓰임으로 입증하고자 한다.

스피노자에게 신은 스스로 존재할 수 있는 유일한 것이며 무한하다. 『에티카』의 논증은 무한한 신과 유한하지만 신의 속성 중 하나인 '사유'를 유한하게나마 가지고 있는 인간을 전제로 하고 이루어진다. 이런 형이상학적 구조화 속에서 인간의 지복, 그리고 공동체의 안녕을 위해 따라야 할 것은 단연 '이성'이다.

스피노자의 논증방식은 '이성'이 무엇인지를 확실하게 규정한 뒤에, 선악과 행위방식을 '이성' 곧 신 자체에게 연결 지으면서 끝난다. A(이를테면 연민이 왜 악인지)를 설명하기 위해 이전에 정의한 개념 B, C(슬픔, 욕망)으로 후퇴하며 '이성의 지도를 받아야 한다'라는 것이 결론이 된다. 지복을 위해서도, 공동체의 올바른 방향을 제시하기 위해서도, 올바른 원인을 파악하는 이성, 그리고 그 이성의 객관성을 보증하는 '신'으로 귀결된다. 스피노자의 모든 정당화는 '신(Deus)'으로 모여든다. 신은 무한한 존재를 가지며 필연적인 실체(substance)이다.

아리스토텔레스의 '실체(ousia)'는 "자신들이 바탕(주어)에 대해 말해지기 때문이 아니라 다른 것들이 자신들에 대해 말해지기 때문에" 실체라고 불린다. 반드시 주어 위치에만 와야 하는 것이며, 그것은 다른 단어들로 서술될 뿐 다른 단어를 서술할 수 없는 최상위에 존재하는 것으로서 실체는 마치 '부동(不動)의 원동자(原動者)'처럼, 실체는 견고하게 자기 자리를 지킨 채 모든 논리의 정당화를 주재한다.

우리의 사고와 판단에 개입하는 다양한 개념들, 이를테면 선악, 자유, 평등, 역사, 공정과 같은 단어들은 현실에 이와 대응하는 대상이 없다. 하지만 이러한 단어들은, 우리의 판단에 깊이 개입한다. 인간의 판단, 특히 도덕적 판단의 정당화는 이 단어들로 귀결되기 때문이다. 이 단어들은 이것들이 개입하는 가치의 무거움을 안고 있다. 우리는 이 단어들을 사용하는 맥락에서 이것들이 얼마나 중요한지를 안다.

주목해야 할 것은, 이것 또한 집단에 의해 의미를 갖는다는 것이다. 공통된 도덕규범을 가진 집단의 구성원이 어떤 행위나 판단의 근거를 끝까지 되물어 들어가면, '그것 때문에'라고 대답할 수밖에 없는 어떤 단어가 등장한다. '행복', '생존', '기회', '존엄', '품위' 따위의 무언가를 정당화하는 개념, 끊임없이 되물었을 때 도달하는 어떤 개념이 그것이다. 이를 위와 같은 의미에서 '실체'로 부르도록 하자.

실체는 점이다. 실체에 해당하는 점 자체는 비어 있지만, 실체는 수많은 언술과 의례들을 통해 한 점에 단단히 고정되어 움직이지 않는다. 실체는 집단이 공유하는 특정한 감각을 선을 매개로 갖는데, 이것이 실체가 판단에 부여하는 근거다. 상식과 예절 따위의 단어가 갖는 의미를 생각해 보라. 해당 단어들을 설명해 보라고 한다면 어떻게 답하겠는가? 다양한 설명을 할 수 있겠지만, 진정 중요한 것은 **단어가 가지고 있는 느낌**이다.

그 느낌은 우리가 따르고 있는 규칙 또는 행동의 일부이다. 우리는 그 규칙을 따르므로, 즉 그것을 느낄 수 있으므로, 그에 의해 당연하면서도 중요한 행위/판단의 예시, 또는 그것이 결여된 행위/판단의 예시를 쉽게 들어 보일 수 있다. 우리는 우리가 따르는 그 규칙을 타인에게 설명할 때, 그 느낌이 위치한 맥락과 선으로부터 어떤 단어에 도달한다. 우리가 그 규칙을 학습하거나 터득할 때 얻은, 그 느낌과 정확하게 일치하는 그 단어가 실체이다. 실체는 비공간적인 대상이며, 관념적으로 구성된 것이지만 판단과 그 정당화를 돕는 '진실'로서 작동한다.

실체는 어떤 행위를 정당화하는 그 느낌을 지시하는 '규칙 따르기'의 일부로서 작동하며, 우리의 언어생활에 개입한다. 그러나 실체는 이러한 최후의 정당화 역할만을 하지는 않는다. 실체는 그것을 둘러싼 맥락을 정당화하며, 그 실체를 둘러싼 논리적 체계를 그것에 적합한 것으로 재편한다. 실체로서 예절은 단순히 따라야만 하는 것이 아니다.

예절이 무엇인가, 왜 필요한가를 정당화하는 수많은 논리들이 현실의 맥락과 실체를 부드럽게 연결한다. 예절의 효용, 즉 예절이 아닌 경우와 예절(규칙 따르기)의 결과, 그것을 따르는 사람들의 우수성, 예절이 없는 경우 초래되는 결과 등을 통해 예절은 자신을 구체화하고, 맥락에서 떨어질 수 없는 것으로 만든다. 이런 과정을 거쳐, 행위의 언어적 정당화는 실체에 의존하게 된다. (예절 외의 다른 실체를 예절 자리에 집어넣어도 같다.)

그러나 실체는 소멸 가능하다. 바로 그것을 지탱하는 구조인 '인간'이 사라질 경우에 그렇다. 인간이 사라진다면, '예의'도 '지혜'도 사라지고 말 것이다. 하지만 인류가 멸종하는 경우가 아니더라도, 실체는 소멸할 수 있다. 점은 선에 의해 지탱된다. 선, 즉 쓰임이나 기억이 실제 생활에 더 이상 없다면, 실체는 필요가 없어지며 사라진다. 실체는 망각에 의해 죽는다. (인류학 텍스트에만 남은 토착 신앙을 떠올려 보라.)

따라서, 실체는 그 쓰임에 의해 '생존'한다. 그러므로 실체는 기억과 사고에 선명한 존재를 새겨야 한다. 실체가 인과적 기억 속에 강렬한 감정과 함께 자리 잡는다면, 인간은 그것을 잊을 수 없다. 그러므로 실체가 살아남는 길은 인간의 판단에 개입해, 행위를 조종하는 대신 인간에게 유용한 결과를 주어야 한다. 인간은 실체를 이용하고, 그 덕에 어떤 것을 얻는다. 가치든, 물질이든, 사랑이든, 번식이든. 그러나 실체는 인간의 일부가 아니다. 하지만 실체는 마치 인간의 필수적인 기관인 것처럼 인간을 속여 인간 안에 기생한다.

사람은 어떤 행위나 판단을 필요로 할 때, 그것이 필요로 하는 실체를 떠올린다. 그러나, 이제 이렇게 보라. 우리는 실체를 이용하기 위해 떠올리지 않는다. 실체가 자신의 숙주에게 자기 자신을 말하게 만들고, 자신과 관계된 감각과 규칙들을 움직이도록 만든다. 살아남기 위해 적응된 실체는 힘을 느끼고 싶어 한다. 자신이 소멸하지 않기 위해, 자신과 연관된 모든 것들이 제자리에 있기를 바란다. 실체는 숙주를 매개로 자신의 보존을 욕망한다.

이를테면 민족이라는 실체를 보라. 우리는 민족 A에 사실 전혀 혈통으로 이어져 있지 않은 사람이지만, 자신을 그 혈통으로 착각하면서 민족을 위해 목숨을 바치는 어떤 사람을 떠올릴 수 있다. 실체는 그러한 인식을 만들어 내자마자 인간의 행위를 지배하고 마치 인간이 아닌 자기 자신이 주인인 듯 행위한다.

그러므로 실체를 마치 좁쌀 같은 몸에 비정상적으로 긴 다리를 지닌 장님거미라고 생각하라. 실체가 우리 안에 받아들여지면, 그것은 우리 안을 소름끼치는 형상으로 기어다닌다! 실체는 내게 그것을 교육한 사람으로부터 언어적 정당화와 신화라는 다리를 부여받고는, 기괴할 정도로 긴 다리를 놀려 머릿속을 헤집고 다니며 나의 이런저런 체험과 기억에 자신의 침을 묻히기 시작한다.

인간의 이해욕망과 정당화 욕망은 실체를 필요로 하고, 실체는 인간을 통해 자신의 보존과 확장을 욕망한다. 그리고 실체는 언어를 매개로 옮아가며, 사람들 사이에 존재하는 객관적인 실재(reality)로서 존재하고 싶어 한다. 그것이 성공하면, 실체는 집단 안에 진실을 구성한다. 이처럼 실체는 인식과 욕망을 통해 확장하고 생존한다는 점에서 **주체**(subject)로 이해할 수 있다.

모든 명제, 곧 사고와 판단은 (일시적으로나마) 지신의 영속성을 주장한다. 어떤 실체 또한, 그런 특성을 빌어 자신이 **영원하다**고 외친다. 그 실체는 자신이 진리의 일부라고 외치며, '객관적' 그리고 '절대적'이라는 형용사로 자신을 치장한다. 실체는 살아남아야 하기 때문이다. 실체는 강렬해야만 하기 때문이다. (이것이 어떤 선배 철학자가 밝히고자 했던 철학적 진실일 것이다. "최후의 것, 가장 희박한 것, 가장 공허한 것이 최초의 것으로, 원인 그 자체로, 가장 실재하는 것(ens relissmum)으로서 정립된다. 인류가 병든 거미들의 뇌질환에서 생긴 것을 진지하게 받아들였어야만 했다니! 그리고 인류는 그 때문에 값

비싼 대가를 치러왔다!<sup>21)</sup>")

그래서 아우구스티누스는 다음과 같이 말했다. 〈목수는 상
자 하나를 만들려고 할 경우, 먼저 그 상자를 자신의 기술
(의식) 안에 가지고 있다. 작품으로 만들어진 상자는 살아
있는 것이 아니다. [장인의] 기술 의식 안에 있는 것은 살아
있는 것인데, 장인의 영혼이 살아 있고, 그 안에 만들어지
기 이전의 모든 것이 존재하기 때문이다.〉 [장인의 영혼 안
에 있는 작품들이] 장인 영혼의 지식 및 지성 작용과 같은
것이 아니라면, 도대체 어떻게 그것이 장인의 살아 있는 영
혼 안에서 살아 있겠는가?

– 가우닐로<sup>22)</sup>


실체는 그것의 태생상 모든 인간의 신경망 안에서 특수하
게 존재하지만, 규칙 따르기와 의례적 본능(특히나 언어적
본능과 음악적 본능)에 의해서, 모든 지성에 걸친 것이 되면
서 최종적으로 '자신을 진리화(making-itself-truth)'한다. 그
러므로 사회를 장악한 실체는 당연한 것, 그러므로 (뒤르켐
의 '사회적 사실'이 그랬던 것처럼) 객관적으로 존재하는 것,

————————————

21)  프리드리히 니체,『우상의 황혼』, 박찬국(2015, 아카넷), 44p
22)  켄터베리의 안셀무스,『프로슬로기온』, 박승찬 (2012, 아카넷), 285p

더 나아가 모든 현상보다 앞서 존재하는 것으로 자신을 바꾸어 낼 수 있다.

## 2) 샤먼

> 그는 자신의 고유한 사상이 외부로부터나 위나 아래로부터 도래한 것처럼 그것에 의해 충격을 받는다. 그의 고유한 사상은 그에게만 일어나는 사건이자 번갯불 같은 것이다. 그는 아마도 새로운 번개를 잉태하고 있는 폭풍우다.[23]
>
> – 니체,『선악의 저편』

그렇다면, 실체는 어디에서 왔는가? 실체의 초동을 추론해 보면, 필연적으로 우리는 어떤 실체를 최초로 '느낀' 사람이 있었다는 사실을 알게 된다. 이 사람에게 샤먼이라는 이름을 부여하자. 신과 접하는 역할군의 이름을 따 왔다.

실체는 도대체 어떤 과정을 통해 생겨나는 것일까? 실체는 인간의 뇌에 기생하며 숙주를 조종한다. 그러나 오직 하나, 인간의 '진리충동'에게는 노예다. 실체는 자신의 존재조건인 이 진리충동에 의해 탄생한다.

---

23)  프리드리히 니체,『선악의 저편』, 박찬국(2018, 아카넷), 406p

어떤 놀라운 비밀을 안 사람이 있다고 하자. 그 비밀이 진실이 되는 첫 번째 조건은 기억이다. 그 자신이 명확히 기억하고 있는 한 진실이다. 그러나 기억은 인간과 함께 죽는다. 진실이 한 개체를 넘는 방법은, **집단**을 매개하는 방법이다. 누군가에게 이것이 이야기되고, 그것이 공통된 인식이 되면 그 비밀은 기억되어 존속한다.

예를 들어보자. 누군가 '늙음'에 대해 처음 깨달았다고 하자. 누구보다 오래 살아남은 그는, 더 오래 살수록 주름이 생기며, 힘이 약해지고 눈과 귀도 점차 잘 안 보이고 들린다는 것을 깨달았다. 그는 이런 진실을 이해한다. 그러나, 그는 자신 말고도 이러한 사실을 알았으면 한다! 그처럼 늙지 않았어도 이것을 이해할 수 있기를 바란다.

그의 머릿속에는 아직 '늙음'이라는 말이 없지만, 그의 머릿속에는 이미 한 점에 그것에 대한 기억과 판단들이 모여 있다. 이 점은 이제 힘을 가지며, 자신을 드러낸다. 진실을 느끼고 공유하려는 충동은, 그가 이 점을 명명하도록 한다. 늙음이라는 말이 탄생해, 그것을 통한 이런저런 앎이 공유되며 말이 생겨난다. 늙음이라는 말이, 시간이 흐른다는 말을 나타내기도 하고, 젊음이라는 반의어도 만들어 내며, 늙은 사람에 대한 예우와 존중을 주장하는 무기가 되기도 한다.

다소 무해한 사례를 들었으나, 니체의 책『도덕의 계보』는

'귀족'이라는 단어도 이와 같은 과정을 거쳐 만들어졌을 것임을 시사한다. 자신이 다른 사람들과 다소 다른 것을 지녔다고 느꼈으며, 그것을 구별하려고 든 어떤 최초의 인간이 '귀족'이라는 말을 최초로 만들었을 것이라며 니체는 논증한다. 지혜나 현자, 사랑과 질투 따위의 단어조차 이런 식으로, 밝혀내고 싶은 진실을 가진 어떤 사람에 의해서 탄생했음은 명료하다.

그렇다면 샤먼이란 단어를 만드는 사람인가? 그렇지 않다. 샤먼은 새로운 진실을 보는 자이며, 새로운 진실을 창출하는 자이다. 그 진실은 눈에 보이는 대상이 아니다. 새로운 진실은 세상을 보는 방법을 바꾼다. 샤먼은 새로운 인식을 통해, 세상을 달리 보는 방법을 제시하는 자다. 진실의 **선지자**라고 할 수 있겠다.

이제는 샤먼에 초점을 맞추자. 샤먼은 실체의 생산자가 아니다. 샤먼은 실체의 산실이다. 샤먼은 실체와 진실을 필요에 따라 만드는 자가 아닌, 필연적인 삶의 과정을 통해 새로운 진실을 볼 수밖에 없었던 자다. 실체는 샤먼이 겪은 삶의 경험 안에서 서서히 만들어진 뒤, '명명'을 거치고 자신을 진실로 만들 집단에 퍼진 뒤에야 실체가 된다. 그러므로 샤먼의 삶은 실체를 구조화하는 인과적 조건이다. 실체는 자신이 존속할 수 있는 최소한의 가지만을 남겨둔 채, 샤먼의 경험과 기억에서 독립하여 다른 사람들에게 스며든다. 그러므로 샤먼이 아닌 실체의 숙주는 도대체 왜 그 실체가 만들어졌는지를 알 수 없다. (실체는 이런 식으로 자신의 역사성을 부정하며, 자신이 객관적이며 불멸한다고 주장한다.) 하지만 실체의 잉태과정은 샤먼의 삶에 있어 필연적이며 샤먼에게 실체란 삶의 귀결이며 결실이다.

실체 잉태의 두 번째 조건은 **흥분**과 **도취**이다. 이러한 워딩을 사용한 이유는 샤먼의 실체 잉태가 '디오니소스적'이기 때문이다. 샤먼의 새로운 진실은 반역이다. 앞서 언급한 사례, 즉 늙음과 귀족이라는 새로운 실체는 기존에 구별되지 않던 것을 서로 다른 것으로 만든다. 곧, 집단의 행동방식을 변화시키길 요구하는 것이다. 집단의 변화를 촉구할 만큼의 인식을 주장하는 일은, 대단한 진실을 발견했다는 커다란 흥분과 도취를 동반해야 하며, 그것이 진실이 아닐 수 없다는 것에조차 의심을 가지지 말아야 한다. 그는 새로운 진실을 발견한 자인 동시에, 가장 최초로 진실을 추종한 자이며, 누구보다 진실에 종속된 자이다.

실체의 탄생과 생장에 필수불가결한 인간을 샤먼으로 칭한 이유를 충분히 짐작 가능하지 않은가? 그 상태는 마치 신내림을 받은 상태와 같다. 그것은 그 사람에게 힘을 주고, 남들에게는 없는 시야를 열어준다. 실체는 그 쓰임으로 자신을 집단에 심는다. 사람들은 실체의 작용을 필요로 한다.

# 5. 디오니소스와 배반

나를 버리고 그대들 자신을 찾도록 하라. 그리하여 그대들 모두가 나를 부정하게 된다면, 그때 내가 다시 그대들에게 돌아오리라.[24]

－『차라투스트라는 이렇게 말했다』

## 1) 도망가는 구조

이제는 디오니소스를 규정해 보자. 디오니소스를 아폴론, 규칙 따르기의 반대 개념으로 이해하라. 아폴론 신의 지혜의 광휘가 뻗어나간 세계는 안정되며, 완전한 세계다. 이 세계는 완전하며, 모든 것이 '말해질 수 있는' 세계다. 모든 행위와 가치를 언어로 정당화할 수 있다.

디오니소스는 규칙과 인식의 불일치다. 우리는 세계를 본다. 그러나 우리가 기존에 세계를 규정하던 틀과 세계가 일치하지 않는다. 세계는 균열을 일으키며 불안감을 고조시킨다. 아폴론 신이 지평선 아래로 사라지며 내뿜는 황혼이 우

---

24) 프리드리히 니체, 『차라투스트라는 이렇게 말했다』, 장희창(2004, 민음사), 136p

리에게 새로운 인식을 요구한다.

이제 세계는 말해지지 않는 세계다. 이제 세계는 우리의 이해를 요구한다. 그러나 세계는 우리를 피해 도망간다. 언어는 세계를 완전한 것으로 만드는 힘을 잃었다. 도망가는 것은 자연세계뿐만이 아니다. 인간 존재도(그 인간이 자신이든 타인이든) 이해를 피해 도망친다.

> 앞에서 언급된 신은 확실히 이런 대화를 할 때 더 멀리 나아가 있었고 훨씬 더 멀리 나아가 있었으며 항상 나보다 몇 발자국 앞서 있었다.[25]

그는 자신을 따르는 사람들에게 오히려 하나의 강제로서, 즉 그에게 더욱더 가깝게 다가오도록 몰아대고 그를 더욱더 가까이 그리고 철저하게 따르게 하는 강제로서 나타난다. 이 심정의 수호신은 소란스럽고 자만하는 자들을 모두 침묵시키면서 경청하게 만들고 거친 영혼을 순화시키고 그러한 영혼으로 하여금 새로운 갈망-거울처럼 조용히 누워서 깊은 하늘을 자신 위에 비추고 싶어 하는 갈망-을 맛보게 한다. 심정의 수호신은 우둔하고 성급한 손을 자제하

---

25) 프리드리히 니체, 『선악의 저편』, 박찬국(2018, 아카넷), 414p

게 하면서 보다 우아하게 붙잡는 법을 가르친다.[26]

– 니체, 『선악의 저편』 295

 

    하지만, 도망가는 구조에 몸서리치던 어느 인간은, 자신을 향해 손짓하는 어떤 움직임을 본다. 지금껏 본 적 없는 진실이 그를 향해 손짓한다. 이제 인간은 손짓에 홀려 몇 발자국 앞서가는 그것을 따라 걷기 시작한다.

    몇 걸음 앞서 우리를 유혹하는 이 신은 절대 우리에게 붙잡히지 않는다. 그러나 그것에 손을 뻗은 우리는 새로운 형상을 느낀다. 새로운 진실을 처음 본 그는 이제 그것에 도취한다. 그리고 이제 이 인간은 우주의 디오니소스적 성격과 우리 내부에 있는 반역의 본능이 합치되는 것을 느낀다. 이제 그는 배반의 화신, 곧 샤먼이 된다.

    그는 세상에 없던 진실을 선포하려 한다. 그는 모든 사람에게 그 자신이 디오니소스가 된다. 세계를 지배하던 질서를 향한 반역에 그것을 받아들일 이들이 거부나 분노로 반응하지 않도록, 샤먼은 똑같이 그들에게 매혹적인 향기를 뿌려 똑같이 도취되도록 만든다. 샤먼은 그가 그렇게 이해하고 싶어 했던 진실, 그 자체가 되어, 즉 도망가는 구조 자체가 되어 세상에 새로운 진리를 선포한다.

---

26)  프리드리히 니체, 『선악의 저편』, 박찬국(2018, 아카넷), 411p

디오니소스는 아폴론의 언어로 말하지만, 마지막에 가서
는 아폴론이 디오니소스의 말을 한다.[27]

– 니체,『비극의 탄생』

샤먼은 새로운 진실의 발산, 즉 새로운 언어를 향한 '시'를
쓴다. 새로운 진실이 집단에 성공적으로 안착하면, 그것은
다시금 '객관적인' 진실이 된다. 이제 질서는 침묵하던 깜깜
한 진실을 가로질러가던 그 신의 몸짓을 광휘와 언어의 영역
으로 끌어들이게 된다.


## 2) 인간의 두 가지 본능

인간은 도망가는 구조를 이해할 수 없지만, 동시에 그가
도망가는 구조이기도 하며, 도망가는 구조를 만들어낼 수 있
는 어떤 구조이기도 하다. 우리가 이해해야 할 인간은, 그러
므로 아폴론과 디오니소스라는 본능으로 구성된다. 인간은
이 두 본능에 있어 전혀 합리적이지 않다.

우리는 니체를 좇아 그가 '힘에의 의지'를 다르게 지칭하
던 말, '자유의 본능'이라는 말을 쓰도록 하자. 반대로, 디오

---

27) 프리드리히 니체,『비극의 탄생』, 박찬국(2007, 아카넷), 264p

니소스의 반대에 위치한 것에는 스피노자가 인간에게 부여한 제1의 본능, 자기 자신을 유지하려는 노력인 코나투스로부터, '보존의 본능'이라는 이름을 붙이자.

인간은 자신을 보존하려는 본능, 더 나아가 자기 자신에 상응하는 것을 보존하려는 강한 본능을 가진다. 그러나 인간은 기존의 것을 배신하려는 본능 또한 가진다. 배신의 방향은 '힘'이다. 이것은 둘 모두 '진실'과 연관된다. 인간은 모두가 따라 마땅한 진실을 지키려 들며, 동시에 강하게 자신을 주장하는 새로운 진실에 자신을 의탁해 낡고 천박해진 진실을 추방하려 든다.

그러므로 규칙 따르기, 즉 아폴론은 자신을 지속하고자 하는 '보존의 본능'으로, 그리고 그 대척점에 있는 반역의 정신, 곧 디오니소스는 실체에 자기 자신의 감정과 진실을 의탁하는 '자유의 본능'으로 칭하자. 인간의 행위는 보존과 자유라는 두 본능에 의해 움직인다.

이 두 본능은 분명, 스피노자가 자연의 속성이라 부른 것과 동일한 것이다. 자연의 것이 (스피노자의 어휘로) 무한한 속성(또는 신이 직접 산출한 것)이라면, 우리 안에 있는 것은 유한한 것에 불과하다. 우리의 유한한 지성 또는 사고체계가 '규칙상태'로 파악하는 것, 즉 일정하게 충분히 긴 시간 동안 똑같은 결과를 산출하며 존재를 지속하는 것은 분명 우리의 판단과 지각을 넘어 실재하는 자연의 모습이다. 생명은 역사적으로 지성 안에 그것을 담고자 하였으므로, 우리는 규칙 따르기와 아폴론이라는 본능의 형태로 우리의 인식체계 안에 담았다.

따라서 디오니소스 또한 마찬가지다. 디오니소스는 규칙 상태의 파괴다. 그리고 그것은 아주 필연적이며 자연적인 것이다. 규칙을 지탱하던 공간이 무너지면, 그 바탕에 있던 규칙들에 의해 새롭게 공간이 재편되며, 곧 다시금 새로운 규칙상태가 찾아온다. 곧, 새로운 규칙이 그 공간을 다시 산출한다. 행위와 인식의 규범을 특유의 도취상태로 (그러나 아폴론과는 반대의 도취로) 재설정하는 섯은 또한 자연의 디오니소스를 받아들인 우리의 본능이다. 디오니소스적 도취는, 인식의 규칙상태가 깨어질 때, 곧 아폴론을 배반할 때 어떠한 죄책감도 없이, 그저 신나게, 생명력을 발산하며 새로운 질서로 인간이 나아가도록 만든다.

누구보다 신에 도취되었던 어떤 철학자가, 때로는 너무나 소심해 보였던 그들이 대담하게 철학을 할 수 있었던 이유는 이런 반역의 본능에 있다. 그들을 감싸고도는 가장 근저에 있는 본능, 즉 진리충동이 그들이 기꺼이 세상을 배반하도록 매혹적인 냄새를 뿌려놓았기 때문이다. 진리충동의 형상은 누군가에게는 세상의 모든 것을 필연적인 것으로 만드는 신이기도 했고, 모든 퇴락한 것들을 이겨 내고 새로운 몸짓으로 손짓하는 신이기도 했고, 그를 깨닫게 해 줄 수 있는 유일한 신이기도 했다.


### 3) 낙타와 사자, 그리고 아이

어떤 것을 행하면서도 왜 그렇게 해야 하는지 이해하지 못하고, 어떤 것에 익숙해 있으면서도 그 까닭을 알지 못하고 일생동안 그것을 따라가면서 도를 알지 못하는 것이 보통 사람들이다.

行之而不著焉, 習矣而不察焉, 終身由之而不知其道者, 衆也.

— 『맹자』, 진심 상


니체에게서는 한 가지만을 더 보도록 하자. 샤먼의 진리 선포에 가장 중요한 조건은 집단이다. 실체에게 있어 집단이란 실체를 지탱하는 선(線)을 공통적으로 보유하여, 실체와 그 논리를 진실로 만들어 내는 것이다. 샤먼을 따르는 추종자들, 이들을 '팔로어(follower)'라고 부르자. 팔로어는 샤먼이 만든 인식과 행위 체계, 곧 아폴론에 갇힌 인간들로 표현할 수 있다.

샤먼과 팔로어에 해당하는 비유를 니체에게서 찾자면, 낙타와 사자, 아이 비유다. 정신은 삼 단계로 변화한다. 정신은 낙타가 되고, 낙타는 사자가 되고, 사자는 아이가 된다.[28]

낙타는 사막에서 짐을 지고 건넌다. 낙타는 지고 있는 짐의 무게로부터 힘을 느낀다. 자신에게 부과된 임무, 따르는 규범을 존경하고 이로부터 자신이 올바로 가고 있음을 느낀다. 낙타는 집단 또는 타자가 자신에게 부과한 임무를 믿고 따른다. 그리고 그것을 부여하는 것이 샤먼의 위치에 존재하는 아이다. 아이는 '창조라는 유희'를 하는 존재다. 아이는 '최초의 움직임'을 만들어 내는 정신 상태다.

그렇다면 대체 사자는 무엇인가? 낙타가 아이가 되려면 먼저 사자가 되어야 한다. 사자가 의미하는 바는 먼저 '용맹함'이다. 사자는 진실을 단순히 받아들이는 위치가 아닌, 다른 사람이 진실을 받아들이게 만드는 위치에 있다. 사자는 그러므로 능동적으로 행위해야 하며, 원하는 바를 이루기 위한 대담함이 요구된다. 한편 사자의 둘째 의미는 집단이다. 수사자는 갈기를 보이며 자신이 지닌 상징으로 무리를 지키고 어린 사자의 생장을 책임진다. 사자가 된 정신은 낙타 시절 기른 힘으로, 자신과 똑같은 진실을 믿는 이들을 지키며

---

28)  프리드리히 니체, 『차라투스트라는 이렇게 말했다』, 장희창(2004, 민음사), 35p

진실을 사수하고 다닌다.

이때 마주하는 것은 '싸움'이다. 타자에게 자신이 가진 '상징'의 위력을 보여 줌으로써 진실의 위치를 차지하려 애쓴다. 이제 사자의 역할을 하는 일군, 집단에서 팔로어와 샤먼 사이에 위치하는 이 계층을 '프리처(preacher)'라는 이름으로 부르자. 프리처가 하는 일은 진실을 주장하고, 전파하는 일, 곧 진실이라는 내기물을 두고 전쟁을 치르는 일이다.

프리처는 오로지 샤먼이 선포한 '상징'을 가지고 싸우는 역할을 맡는다. 팔로어와 프리처는 샤먼이 집단에 부여한 언어에 종속되어 그것을 말하고 따르며 주장할 뿐이다. 새로운 언어는 오직 샤먼만이 제시할 수 있다. 샤먼과 실체는 특정한 조건에 있는 사람들에게 상징과 그것을 통해 형성된 '상징적 구조'를 따를 수밖에 없는 '규칙'을 부여한다. 팔로어와 프리처는 그에 따라, 그리고 그것의 **착한** 옹호자로서 그것을 따른다.

이로서, 우리는 진리의 선포와 수용에 관한 세 단계의 계층도를 그려 볼 수 있다. 낙타의 정신에 해당하는 팔로어, 사자의 정신에 해당하는 프리처, 그리고 아이의 정신에 해당하는 샤먼이다. 실체는 샤먼을 통해 말을 한다. 샤먼과 실체가 선포하는 진실은 언어를 매개로 그것을 따르는 무리들, 곧 (프리처를 포함한) 팔로어들에게 하나의 진리로서 구조화된다.

이것을 따르는 이들, 즉 언어적/실천적인 행위로 이를 따르는 이들은 팔로어다. 팔로어에게 특유한 것은 '화', 곧 분노다. 그들에게 진실은 확고부동한 아폴론이다. 그것은 그들의 세계 인식의 바탕이며, 그것을 의심하거나 침범하는 일은 곧 세계에 대한 반역이다(뒤르켐은 『사회분업론』에서 이것을 집합표상으로 부르며, 이것을 침범하는 것은 곧 분노를 일으킨다고 보았다). 그들은 기꺼이 이를 따르며, 그것을 숭고하고 합리적인 것으로 본다.

한편 프리처는 아폴론, 진실, 또는 실체를 보다 비일상적인 것으로 대한다. 그들이 하는 역할은, 그것이 진실이 아닌 곳에서 그것을 진실로 만드는 일이기 때문이나. 그들은 자신들의 진실을 진실로 취급하지 않는 이들과 논변한다. 프리처는 샤먼이 구성한 실체의 체계를 토대로 진실을 주장한다. 그들은 진실의 빛이 밝혀지지 않은 곳에, 진실의 구조물을 쌓아올려야 한다. 이런 일을 치르는 그들은 샤먼만큼이나 실체에 사로잡혀 있으며 그것을 신뢰하고 그것에 충성한다. 그것을 현실 속에, 그리고 무엇보다 집단 안에서 진실로서 세우려고 노력한다. 그러므로 화가 아닌 용맹함이 필요한 것이다.

# 6. 철학적 선지자와 '철학자'

## 1) 아이의 정신

아, 그대들, 내가 기록하고 그린 사상들이여, 그대들은 무엇인가! 그대들이 그렇게 다채롭고 싱싱하고 악의적이고 가시가 잔뜩 돋아 있고 은밀한 향취를 뿜어내어 나로 하여금 재채기를 하게 하고 웃음을 터뜨리게 만들었던 것은 그리 오래된 일이 아니다.[29]

– 니체,『선악의 저편』


그러므로 철학자는 샤먼이 아니다. 철학자란 프리처다. 프리처는 진실을 그저 받아들이는 위치에 있지도 않고, 진실을 선포하는 위치에 있지도 않다. 프리처는 진실을 주장하는 일을 한다. 철학자는 자신이 받아들인 상징과 믿음을 바탕으로 진실을 두고 싸운다. 새로운 진실을 주장하는 일과 철학자는 별개다.

비교하자면 샤먼은 철학적 선지자에 가깝다. 이를테면 공자는 철학적 선지자에 가깝다. 공자는 자신이 보고 느낀 그것들을 누구보다 그것을 사실이라고 믿었던 사람이었다. 그

---

29) 프리드리히 니체,『선악의 저편』, 박찬국(2018, 아카넷), 415p

러므로 공자에게 앎[知]이란 가르쳐야만[敎] 하는 것이었다. 하지만 노자는 철학자이다. 잡히지 않고 보이지 않는 진실을 노려보며 사랑하고 있었기에, 믿어지고 숭배되어지는 것들을 만들어진 것[爲]으로 보며 자연[自然]함에 반하는 것으로 보았다.

샤먼과 철학자는 자신의 실체와 그 진리를 진실의 위치에 세우려는 한에 있어서만 같다. 진리를 사랑하는 철학자는 자신의 진리를 의심해야 한다. 진리는 언제나 철학자를 배반할 준비를 하고 있기 때문이다. 하지만 모든 샤먼은 자신의 진리를 맹종해야만 한다. 샤먼과 철학자라는 개념은 서로 충돌한다. 하지만, 샤먼인 철학자가 없는 것은 아니다. 샤먼이 철학자로 불리기 위해서는 진리에 대한 사랑이 필요하다. 디오니소스의 손짓과 진실에 대한 사랑을 일생에 동시에 수행한 사람들은 역사 속에 충분히 존재하니, 그것이 이 책에서 수없이 언급한 바로 그들이다.

그렇다면 사자는 대체 어떻게 아이가 되는가? 사자, 곧 프리처는 언제나 자신과 인식을 공유하는 집단이 존재한다. 그러나 사자는 의심할 줄 안다. 낙타는 자신과 다른 것을 거부하지만, 사자는 자신의 집단과 다른 것을 의심의 눈길로 바라볼 줄 안다. 사자가 타 집단을 의심의 눈길로 바라보던 중 자기 자신의 집단마저 의심하기 시작할 때, 곧 사자가 자신의 집단을 벗어나게 된다면, 그는 전투의 기본요건인 용맹함을 밀어두고, 진실 앞에 **웃을 수 있다.**

진실 앞에 웃을 수 있는 인간은, 집단에 메이지 않으며 어떤 집단의 시각에서든 사고할 수 있다. 그러던 중 비로소 새로운 진실은 그에게 불현듯 불어닥치며, 새로운 움직임이, 창조적 발산의 길이 그에게 열린다. 하지만, 아이의 정신이, 아무런 거리낌 없이 배반할 줄 알며 진실 앞에 웃을 줄 아는 이 정신이 찾아오기 위해서, 정신은 먼저 사자가 되어야 한다. 낙타는 진실 앞에서 절대 웃을 수 없다.


## 2) 중간사람 : 퓌론주의자 되기

사람들은 말하기를, 아펠레스는 말 그림을 그리면서 입가에 묻은 거품을 그림 속에 묘사하고자 했으나, 그의 노력은 성공적이지 못했다고 한다. 그래서 그는 포기한 나머지, 붓에 묻은 물감을 닦아 내는 스펀지를 집어 들고 그림을 향해 던져 버렸다. 그런데 스펀지가 그림에 닿았을 때, 거품 모양이 그려졌다. 이와 마찬가지로 회의주의자도 보이는 것들과 생각되는 것들의 불규칙성을 해소함으로써 마음의 평안을 얻고자 했으나, 이런 목적을 이룰 수 없었으므로 판단을 유보했다. 그런데 회의주의자가 판단을 유보했을 때, 마치 물체에 그림자가 따르듯이, 예기치 않게도 마음의 평안이 회의주의자에게 생겨났다.[30]

– 섹스투스 엠피리쿠스, 『피론주의 개요』

첫 번째 장의 문제의식으로 돌아가자. 우리는 새로운 진실을 가져다줄 철학자를 기대하고 있다. 그러나 우리는 과연 철학자인가? 우리는 아이의 정신을 바라기 이전에, 사자의 정신을 가진 사람들, 즉 진리를 가지고 전쟁을 치루는 사람들이 있어야 한다는 것을 간과하고 있다.

우리에게 필요한 것은 문장과 논리로 전쟁을 치룰 수 있는 공간이다. 우리는 자신의 진리를 주장하는 모두를 존중하며, 그들이 철학적 전투를, 철학적 게임을 할 공간을 만들어야 한다. 하지만 동시에 철학자를 보는 눈을 낮춰야 한다. 자신의 진리를 주장할 수 있다면, 그리고 그것을 철학이라는 최소한의 규범 안에서 해낼 수 있는 사람이라면 모두 철학자다. (물론 철학자 사이의 결투의 법도가, 즉 예의가 정립되는 것은 무엇보다 중요하다. 전투 안에서 자신들이 상대에게 품는 상호인정과 동료애가 그 속에 담겨야 하기 때문이다.)

사자들이 싸울 수 있는 공간을 만들라! 수많은 주장이 대

---

30)  섹스투스 엠피리쿠스, 『피론주의 개요』, 오유석 (2008, 지만지), 38p

립하는 콜로세움에서, 정신은 무엇이 올바른 진실인지 길을 잃을 것이다. 그러나 철학의 르네상스는 다시금 회의로부터 도래할 것이다. 새로운 철학은 우리에게 당연시되는 독트린을 의심하면서부터 온다. 탈집단은 서로 다른 집단을 고찰하면서부터 시작되기 때문이다.

고대 퓌론주의 학파는 모든 주장을 대립시키면서, 자신을 중간에 위치시킴으로써 평온을 얻을 수 있다고 주장했다. 퓌론주의는 회의주의 학파이지만, 우리가 흔히 아는 회의주의를 독단적 회의주의로 부르며 자신들과 구분한다. 참된 앎이 가능하다고 주장하나, 자신이 진리로 이르는 길을 발견했다고 단언해 탐구의 길을 중단하는 이들도 '독단주의자'이지만, 진리가 획득불가능하다고 주장하고 진리에 대한 탐구를 포기하는 이들도 부정적 독단주의에 빠지는 이들이다. 한편 퓌론주의는 이러한 독단주의에 빠지지 않고, 주장들을 대립시키면서 답을 찾지 못해 생기는 불안감을 해소하고 진리 발견의 가능성을 계속 모색할 수 있다.[31] 데카르트의 방법론적 회의주의가 퓌론주의의 영향으로부터 근대 철학의 포문을 열었던 것처럼 철학자가 되기 위해, 더 나아가 진리를 사랑하기 위해, 우리는 **진실들 사이에** 위치해야만 한다.

---

31) 섹스투스 엠피리쿠스, 『피론주의 개요』, 오유석(2008, 지만지), 11p

## 3) 마치며 : 구지가 부르기

그러니 철학을 하는 일은 구지가를 부르는 것이다. 이 맥락에서는 구지가를 자신의 '지도자'를 내려달라며 하늘에 호소하는 노래로 보자. 둥글게 모여앉아 그것이 찾아올 때까지 노래를 부르는 어떤 사람들을 그려보라. 진리를 두고 벌이는 게임은 우리에게 약속한 결과를 절대 내어다주지 않는다. 그러나 진실을 사랑하며, 그것의 이해에 누구보다 고통스러워하던 중, 극소수의 인간이 기존의 진실과 시대 사이에서 디오니소스 신의 손짓을 마주한다. 그리고 새로운 진리는 불현듯 다가온다. 우리의 기대를 배반하며, 새로운 진리는 자신이 영원할 것이라 주장하며 등장한다.

철학을 하는 일은 진리를 주장하는 일이다. 더불어 그 진리를 사랑하는 일이다. 회의하며 진리를 더듬더듬 찾으라. 진실을 주장하는 사람들 사이에서 공통점은 오직 '진리를 좇는다'는 공유된 감각이면 충분하다. 그러니 새로운 사상, 새로운 진실을 주장하는 이가 등장했을 때, 그를 환영하되 최선을 다해 짓밟아주라. 사상은 침묵보다는 거절 속에서 성장하니, 새로운 사상가가 자신의 맥락에서 본 진리를 세울 수 있게 단련시키라.

철학자가 보이는 최고의 호의는 그를 호적수로 여기며 논리와 사실이라는 철퇴를 휘두르는 것이다. 그러니 성실하라! 철퇴의 이면에 있는 경청과 존중, 애정은 오직 성실함만이 입증할 수 있다. 마땅히 적이 되어 주는 벗이 되어라.

# 부록

　누군가는 이 부분을 더 좋아할지 모르겠다. 애당초 구상하던 글에서는 무엇보다 중요한 것이 언어였다. 실험격인 이 책에는 핵심만을 남기고자 했다 보니 인식-언어 파트에서 '사고선'이라는 간단한 개념만이 남았다. 이 때문에, 해당 개념의 필요성과 깊이를 느끼기 힘들 수도 있겠다 싶어 짤막하게나마 사고선의 구체적인 논의를 부록에 담았다. 기존에 구상했던 책이 너무 길어져, 감당할 수 없는 분량과 깊이를 갖게 된 까닭에 이 아마추어 냄새 가득한 책을 내게 되었음을 여기서나마 밝힌다. 내게, 그리고 한국어를 쓰는 사람들에게 철학이 보다 다채로워졌으면 하는 과분한 소망을 가지고 이 책을 썼다. 이 책이 다양한 사람들과 나를 매개해 주기를 바란다. 더불어, 논증의 많은 부분을 권위에 의존하고 있는 이 책을 너그러이 양해해 주기를 바란다.

# 1. 문장, 사고, 선이 갖는 힘

우리가 자유로운 것으로 믿고 있는 정신의 결의[resolution]
는 표상 자체 또는 기억과 구별되지 않으며, 그것은 관념
이 관념인 한에 있어서 필연적으로 포함하는 긍정일 뿐이
라는 것을 사람들은 필연적으로 인정하지 않으면 안 된다.
그런고로 정신의 이러한 결의는 현실적으로 존재하는 사
물의 관념과 동일한 필연성에 의하여 정신 안에 생긴다.[32]

– 『에티카』3부, 정리 2 주석

## 1) 맥락 지시

§49. 어떤 사물에 이름을 부여하는 일만으로는 아직 아무
것도 한 일이 없다. 사물은 게임 속에서가 아니라면 이
름을 갖지도 못한다.

정리 18. 만일 인간의 신체가 한때 둘 또는 그보다 많은 물
체들로부터 동시에 자극받아 변화되었다면, 정신은 나중
에 그것들 중의 하나를 표상할 때 곧바로 다른 것까지도 상

---

32)  바뤼흐 스피노자, 『에티카』, 황태연(2014, 비홍출판사), p166

108

기할 것이다.[33)]

– 『에티카』 2부

선은 그것을 구성하는 무수한 점들에 의해 구조화된다. 그 각각의 점들은 사고공간 내부에 깊이 침잠해 있는 (또한 언어화되지 않는) 선들에 의해 점이 된다. 이 곁가지 선들은 여러 감각들에 연결된 것으로 선에 기억된 공간들을 연쇄적으로 재생한다. 선의 표면에는 선을 구성하고 있는 이러한 자잘자잘한 선, 융털과도 같은 것이 존재한다. 이 보이지 않는 작은 선들은 기억이 생겨난 당시의 감각을 구성하는 기관에 연결되어 있으며, 이는 기억의 맥락을 활성화한다.

선의 융털이 의미하는 바는 의미의 '맥락 지시'다. 의미는 반드시 맥락이 지시되어야만 성립한다. "빨간 양말 좀 갖다 줘."라는 말을 들었을 때, 우리는 처한 맥락, 전제하고 있는 맥락 또는 규칙상태에 따라 의미가 달라진다. 만약 할머니 집에서 그것을 들었다면, 전에 할머니 서랍에서 본 붉은 꽃무늬 양말을 가져다 드리리라. 하지만, 크리스마스 파티를 준비하는 중이라면, 빨간 양말은 신을 수 없는 장식품이다. 이제 이 융털을 맥락지시선이라 부르자.

맥락이 지시되지 않은 문장의 의미는 공허하다. 모든 의

---

33)  바뤼흐 스피노자, 『에티카』, 황태연(2014, 비홍출판사), p124

미는 맥락이 지시되어야만 그 의미가 성립한다. 우리는 맥락 속에서 의미를 보기 때문이다. 그러므로 의미란 공간, 즉 구조에 기댄다. 선은 그것을 둘러싼 곁가지 선들에 의해 맥락이 지시된다. 맥락이 적절히 지시되면, 어떤 표현은 자연스레 특정된 그 의미로 미끄러져 간다.

우리가 어떤 표현을 들었다면, 우리는 직전에 들었던 이야기와 흐름을 같이한다고 여긴다. 직전의 의미가 맥락을 구성하기 때문이다. 맥락은 우리 머릿속에 향기처럼 존속한다. 매혹적인 향수 냄새가 난 뒤에 매력적인 이성을 마주한다면, 그 감정이 더욱 고조되듯이, 지시된 맥락은 의미와 사고를 강화하거나 약화한다.


## 2) 선과 감정

느낌(feeling)은 선을 구성하는 한 중요한 축이다. 그중 감정(emotion)은 선을 구조화하는 강력한 동력이다. 기억은 강렬한 감정과 결합되었을 때, 더 큰 힘을 갖고 지속하며 자신을 드러낸다. 감정은 빠르고 강하게, 불가역적으로 각인시키거나 또는 행동하게 만든다. 곧, 감정은 의미의 중추를 구성한다.

§487. 어떻게 당신은 그것을 하는 것이 이것 때문이라거나,
또는 이것 때문이 아니라는 것을 아는가? 그리고 이에
대한 대답은 아마도 다음일까? "나는 그렇게 느낀다."

그러므로 모든 의미는 그것에 대한 느낌을 갖는다. 우리
는 의미를 따질 때, 그것이 맞는지 틀린지를 느낀다. 옳음에
대한 느낌 때문에, 우리는 그것이 옳다고 느낀다. 무엇이 올
바른지는, 무엇이 맞는지는 우리가 하는 게임 속에서 훈련되
어 있고, 그 훈련이 우리에게 올바른 것을 지시한다. 그래서
올바름은 느껴진다. 논리학조차 마찬가지다. 옳음은 논증 이
전에 느껴져야 하고, 그 느낌이 의미의 정당화된 완성과 더
불어 우리를 특정한 논증방법을 옹호하도록 이끈다. 이 옳
음이 근거하는 것은 우리의 언어 본능이 파생시킨 옳고 그른
언어 사용의 문법이다. (논리학은 언어적 규칙 따르기로부터
파생한 체계이며, 수학은 공간과 언어의 규칙 따르기로부터
파생한 체계이다.)

이런 의미에서 느낌 또는 감정은 특정한 판단 또는 행위
의 추동(drive)이 된다. 특정 사고선이 점화되면, 그에 할당
된 감정이 만들어지고, 이미 점화된 사고선들 즉 맥락과 만
나며, 그 감정이 증폭되거나 상쇄된다. 생성된 감정은 어떤
경로를 통해서라도 해소되어야 한다. 감정적 추동이란, 그

추동의 대상이 그렇게 행동하도록 만드는 것이며, 행동의 주체는 이를 거역할 수 없다. 감정적 추동은 신경망, 즉 사고중추로부터 판단이 가능한 개체라면 어떤 개체든 그것을 가능케 하는 것이 유전자 안에 담겨져 있을 것이다.

이미 언급했듯, 들어간 자극은 반드시 나와야 한다. 물리적인 행위를 해내든, 다른 사고를 통한 정당화를 해내던지 말이다. 우리는 감정이라는 추동의 요청에 맞게 어떤 행위를 해야만 하는데, 그 행위 중 하나는 그 감정을 해소(정당화)하기 위한 다른 사고선을 만들어 내는 일이다. 사고선은 감정에 맞게 구조화된다. 우리는 감정을 따르기 때문이다.


## 3) 영속성 주장

선은 특정한 판단, 사고, 감정을 구체적인 맥락과 연결해 구조화한다. 선은 힘을 가진다. 힘이란 다른 말로 판단과 행동에 개입할 수 있음을 의미한다. 선은 연기처럼 나타났다가 사라지는 것이 아닌, 특정 형태로 구조화되는 것이며, 그 선의 물리적 실재성만큼 선은 힘을 갖는다. 기존에 있던 다른 것과 얼마나 잘 맞아 떨어지느냐, 곧 정합성에 의해, 그리고 기존의 다른 것과의 관계 속 어떤 위치에 자리를 잡느냐 하는 관계성에 의해서도 힘이 결정된다. 다른 것들과 상충하지 않거나, 다른 판단의 근거로서 사용된다면 선은 더더욱 오래 지속된다.

선은 그것이 일시적으로 구조화되더라도, 구조화되었다는 특징에 의해 존재하는 동안은 그것의 영속성을 주장한다. 사고상의 우열과 비정합성로부터 곧 망각되고 사라질 판단이더라도, 잠시간 사고와 판단에서 그것은 영원할 것처럼 자신의 힘을 행사한다. 이것이 선의 '영속성 주장'이다.

어떤 점, 곧 대상은 선들의 관계에 의해서 구체화된다. 더욱 구체적일수록 우리는 그것이 사실이라고 믿기 쉽다. 점은 더 많은 선에 의해서 정당화되고, 그렇다면 선들이 비록 논리적으로 정합하지 않을지라도 여러 판단과 맥락 속에 견고히 파고들어 그것을 진실로서 받아들이게 한다.

어떤 판단이 기존의 사실 체계와 완전히 정합할 경우, 그것이 맥락조차 특정되지 않은 완전한 거짓이더라도 진실인 것처럼 행세를 할 수 있다. 첫인상 또한 비슷하다. 처음 마주하는 대상은 기존의 사실과 충돌하거나 정합하는 것이 없다. 최초로 대상을 알게 되고, 그것의 선들이 생겨날 경우(즉, 다양한 방식의 기술이 더해져 해당 대상에 대한 판단이 구체화될 경우), 그것에 반대하는 기존의 선이 존재하지 않거나 떠오르지 않기 때문에 우리는 첫인상을 통해 알게 된 것을 진실로 받아들일 가능성이 매우 높다.

## 2. 선을 통한 사고의 구조화

> 우리가 모든 사물의 담지자로 그토록 불가결하게 필요로
> 하는 무조건적 필연성은 인간 이성에게는 진짜 심연이다.[34]
>
> – 칸트, 『순수이성비판』

### 1) 사고공간의 복잡성

우리가 무한을 이해할 수 있을까? 무한까지 가지 않더라
도 우리가 익숙한 어떤 척도에 일만 배, 일억 배를 우리는 과
연 직관적으로 이해할 수 있을까? 0이 8개 붙은 숫자로서 일
억이 아닌, 특정 개물이 그만큼 모여 이룬 사실로서 일억을
우리는 과연 이것이 질적으로 어떠한가 이해하기는 힘들다.
이러한 의문과 '우리는 우리의 사고로 우리 사고와 기억, 판
단의 복잡성을 이해할 수 있을까?' 하는 물음은 결이 같다.
우리는 과연 우리의 사고, 판단, 감정 즉 우리의 뇌 내에서 일
어나는 일을 직관적으로 이해할 만한 지성을 지녔을까? 우리
는 우리가 무엇에 영향을 받아 문장을 구성해내는지를 '타고
남'과 '유전적 특질'이라는 말 없이도 설명할 수 있을까?

---

34)  임마누엘 칸트, 『순수이성비판 2』, 백종현(2006, 아카넷), 787p

선이라는 단위, 그리고 문장이라는 단위를 통해서 우리의 사고를 일부 분석할 수는 있다. 하지만 선 하나에조차 무수한 점과 그에 딸린 곁가지 선들이 존재한다. 우리의 사고가 물리적 한계 때문에 유한한 점을 가진다는 것이 증명된다 할지라도 우리의 인식체계 안 선과 점은 무한함으로 받아들일 만큼 많을 것이다. 그렇다면 인간이 어떻게 평생 동안 수백만, 수천만에 달하는 판단과 사고와 발화를 하면서 살아갈 수 있을지 알 수 있을까? 우리가 그것의 구조를 직관적으로 이해하는 것은 분명 불가하다.

이는 마치 점의 입장에서는 선이 무한하고, 선의 입장에서는 면이 무한한 것이며, 평면의 입장에서는 공간이 생각될 수 없는 것과 동일하다. 우리의 사고는 감히 선과 점으로 재구성하기 힘들 정도로 복잡하다.


## 2) 해석평면

산골짜기 중턱에 검은 입구가 드러난 어떤 동굴을 상상해 보라. 녹음에 덮인 자연 동굴에도 분명 입구라고 불릴 만한 것이 있다. 그것은 외부로 통하는 출입구가 있기에 동굴이다. 우리의 발화와 사고에서도 똑같은 출입구가 있다고 보

자. 이 입구는 발화 즉 기호의 병렬적 연결과, 사고 즉 내부의 선을 매개한다.

입구란 무엇인가? 동굴의 입구를 거칠게 이어 일종의 가상의 평면을 그려 보라. 비눗물을 머금은 비눗방울 막대의 원처럼 정확한 평면을 그리기는 힘들겠지만 말이다. 대강이라도 평면이 그려졌다면, 그것을 입구로 부르기로 하자. 깊이를 가늠할 수 없이 깊고 복잡한 심연인 우리의 내면과, 명료하게 기호화 가능한 우리의 언어 사이에도 그러한 평면이 있다고 가정하자. 이제 그것을 해석평면이라고 부르자. 이 가상의 평면에 병렬적으로 연결된 단어들이 던져지면, 우리는 우리가 따르는 본능과 그 본능하에서 습득한 언어의 규칙 체계에 의해 의식조차 하지 않고 당연하게 그 의미를 선으로 구성해낸다. 안에서 바깥으로 나오는 발화의 경우에도 그렇다. 우리는 특정한 사고가 발화의 맥락에서 자연스럽게 그것을 특정한 어순과 어휘를 마치 자동적으로 선택해 특정한 문자열을 구성해 발화한다. 나는 이를 러프하지만 적당한 어휘로 렌더링으로 부르고 있다.

해석평면에 문자열이 던져지면, 그것이 우리의 해석능력에 따라 일련의 선으로 구성되어 우리의 사고공간 안에 자리 잡게 되고, 똑같이 우리의 복잡한 사고공간에서 조직된 사고는 발화를 위해 해석평면에서와 똑같이 선을 기호들의 병렬적 연결로 구조화하여 음성화한다.

아래는 발화와 해석에 선이 어떻게 연관되고 구조화하는지를 설명한다. 이는 '후입선출법'으로 버윅의 책『왜 우리만이 언어를 사용하는가』에 등장한 후입선출법의 간단한 아이디어를 응용하여 어떻게 특정 문장을 선형적으로 재구성할 수 있는지를 보인 것이다. 이에 따른다면, 우리는 해석평면에서 이와 같은 방식으로 자동적으로 선을 구조화하고, 이것이 바로 우리의 사고 또는 판단이 된다. 나는 이 책 외에는 언어학에 있어 후입선출법과 관련해 어떤 구체적 논의가 있는지 모른다.

### 3) 선의 구성 : 후입선출법

우리는 구조적으로 의미를 받아들이고, 발화한다. 하지만 사고는 선형적이다. 모든 문장은 그 구조를 선형의 형태로 정리가 가능하다. 우리는 그것을 후입선출법을 통해 설명할 수 있다.

후입선출법이란 무엇인가? 단어를 의미 단위로 어떤 통에 차곡차곡 쌓는 것이다. 단어는 먼저 발화되는 순서대로 아래에 쌓인다. 단어는 남아서 의미를 지속시킨다. 그리고 이 단어는 해소되기를 바란다. 그리고 의미를 연결해 주는 요소가 등장하면, 그것에 연결된다. 그 뒤 다시 통에 들어간다. 즉, 다음 어구에 의미가 연결되지 않은 경우 다시 통 안에 들어가 쌓인다.

푸르게 빛나는 바다에 태양이 비친다.
On blue shining ocean, the sun reflects.

이런 문장이 있다면, 식별 가능한 의미에 따라 구분한다.

(1) 푸르게 / (2) 빛나는 / (3) 바다에 / (4) 태양이 / (5) 비친다.
(On / blue / shining / ocean, / the sun / reflects.)

그리고 한 단위씩 세로로 세워 가며 발화한다. 하지만 두 단위가 의미적으로 연결된다면, 이를 다시 선으로 연결해 구로 만든다. 선은 문법적 해소를 의미한다. 이를테면 '(1) 푸르게'와 '(2) 빛나는'은 의미적으로 연결된다. 그리고 '(2) 빛나는'과 '(3) 바다에'도 의미적으로 연결된다. 그러므로 이렇게 쓴다.

푸르게 - 빛나는 - 바다에

하지만, '푸르게 빛나는 바다에'와, '태양이'는 의미가 연결되지는 않는다. 이렇게 선으로 연결할 수 없는 경우 이미 쌓인 것 아래에 둔다.

푸르게 - 빛나는 - 바다에
태양이

그리고 나오는 '(5) 비친다'는 '(4) 태양이'와 연결된다. 그런데, '태양'과 '비친다'는 주어와 술어의 관계를 이루고 있고, 주어와 술어의 연결부의 선은 다른 의미를 해소하는 선과 질적으로 다르다. 이 주어와 술어를 연결하는 선이 문장의 의미를 완성시킨다. 즉 주어와 술어가 문장 기술의 중추이며, 그러므로 이 두 성분을 잇는 선은 두 줄로 표기하기로 한다.

푸르게 - 빛나는 - 바다에
태양이 = 비친다

모든 요소가 이렇게 정돈되었다면, 그때 나머지 요소들은 어떻게 연결되는가를 비교한다. ("행렬 구조에서 세로축은 암묵적으로 스택 포지션을 대표한다고 볼 수 있다." p. 227) '비친다'라는 술어가 '~바다에'라는 요소를 의미적으로 필요로 한다. 그렇다면 해당 요소들을 다시 이어준다. 의미가 이미 연결된 요소들은 〈 〉를 통해 하나의 구로 표현한다.

태양이 = 비친다 - 〈 푸르게 - 빛나는 - 바다에 〉

이렇게 된다면, 문장을 선형의 형태로 정리가 가능하다. 영문도 마찬가지다.

On
blue - shining - ocean
the sun = reflects.

On - 〈 blue - shining - ocean 〉
the sun = reflcets

the sun = reflcets - 〈 On - 〈 blue - shining - ocean 〉〉

여기서 이 방법이 후입선출법인 이유를 알 수 있다. 바로 어떤 구의 의미 연결이 되지 않았다면, 세로 열 중 아래에서부터 의미가 연결되는 구를 찾아줘야 하기 때문이다.

Instinctively birds that fly swim.

이 문장을 후입선출법으로 정리하면 이렇다.

instinctively
birds - 〈 that = fly 〉
swim

instinctively
birds - 〈 that = fly 〉 = swim

〈 birds - 〈 that = fly 〉〉 = swim - instinctively

instinctively는 처음에 스택 안에, 자기 의미를 해소해 줄
무언가를 기다리며 의미를 지속하다가, 마지막에 의미가 해
소되며 문장의 의미는 종결된다.

이렇게 정리된 것이, 선형적 의미를 중심으로 정리된 문장
이다. 여기서, 우리가 독특한 것으로 볼 만한 것은 두 줄짜리
선, 즉 서술선 뿐이다. 서술선은 주어와 술어를 고유한 방식
으로 연결해, 한 단위의 사고를 완성한다. 그렇다면, 다른 종
류의 결합(merge), 한 줄 선은 무엇인가? 그 모든 선은 기술

을 둘러싼 **맥락**을 지시한다. 그러므로 그 모든 것을 맥락지시선이라고 부르자.

맥락을 지시해 주어야, 주어와 술어로 언표된 객체 또는 행위로부터 제대로 된 사태 또는 구조를 떠올릴 수 있다. 우리가 본 구조의 주변 요소들이 맥락지시선을 통해 지시되어야만 그 장면을 원래의 의도대로 떠올릴 수 있기 때문이다.

문장은 맥락지시어들에 의해 맥락이 지시되고, 그리고 주어와 술어를 통해 사건을 기술한다. (물론 주어와 술어 또한 간접적으로 맥락을 지시한다. '민수가 찬다'라고 한다면 민수에게 다리가 있다는 것을 의미하는 등.)

겹문장은 각각 다른 선으로 그려 겹쳐지는 점을 기준으로 연결할 수도 있고, 한 선의 중간에 선이 추가적으로 연결된 것(즉 맥락지시선)으로 볼 수도 있다. 선 간의 연결이 지금까지 이야기한 것의 종합, 곧 사고선 체계의 구성원리다.

## 3. 실체

### 1) 忠恕와 자기정의

> 만일 다수의 개물[개체]들이 모두 동시에 한 결과의 원인이
> 되도록 한 활동으로 협동한다면, 나는 그러한 한에 있어서,
> 그것들 모두를 하나의 개체로 간주한다.[35]
>
>          – 스피노자, 『에티카』, 2부 정의 7

    모든 점 중, 가장 원초적이고 거대한 점은 바로 '나', 즉 자기 자신이라는 점이다. 이 점에는 갖은 선들과 선이라 불릴 수 없는 생물학적 조직들이 연결되어 있다. 이 점에 연결되는 모든 감각, 느낌, 의미들은 해당 주체의 모든 행위와 의미를 규정한다. '나'라는 점에 연결된 선을 '자기정의'라고 부르자. 행위와 결정, 규칙 따르기 모두 이 점을 기준으로 이루어진다.

    모든 동물은 '나'라는 감각적이고 배타적인 존재를 자신의 내면에 가지고 태어난다. 자신이 신체를 어떻게 움직일 수 있으며, 어떤 공간에서 어떻게 활동할 수 있는지 등등은 아

---

주 오랜 세월 동안 발전되어 온 본능적인 자기정의이다. 우리가 평생 자신에 대하여 명명하거나 성찰하지 않아도, 직감적으로 나라는 존재를 느낄 것이다. 우리가 손가락 발가락을 꼼지락대고, 본능에 따라 소리를 내면서 점차 느끼게 되는 존재로서 자기 자신 말이다. 인간의 자기 존재는 본능적인 이런 움직임과 행위에 의해 스스로에게 느껴지고, 부모 또는 그에 상응하는 사람이 그에게 이름을 부르거나, 지칭어로 부르면서 음성상징과 어떤 점을 대응시키게 된다. 그리고 끝내 그 점은 '나'가 된다.

사고선은 이렇게 본능적인 '나'라는 감각에 선을 뻗어, 자신이라는 점을 지어내고, 끊임없이 그 자기와 외부의 감각들, 그리고 사고선의 여러 점들과 연결 지음으로써 자기 존재를 규정한다. 본능 및 감각과 더불어 사고선으로부터의 자기정의. 그러므로 사고선 체계에서 '나'라는 존재는 대개 가장 복잡하며, 장황할 수밖에 없다. 모든 경험들은 '나'를 전제로 이루어지기 때문이다. 우리는 끊임없이 외부 객체들과 자신을 연결한다. 모든 기억, 사고, 행위는 '나'로 연관되며, '나'가 어떻게 행위하는지와 연관될 수밖에 없다.

자기정의는 타인조차, 집단조차 자신의 일부로 또는 자기 자신으로 구성해 낼 수 있다. 집단이 마치 하나의 유기체처럼 움직일 수 있는 이유는, 그 집단이 서로 간의 행동에 대해 너무 잘 알고 있고, 하나처럼 자신이 움직일 수 있다고 느끼면서 마치 하나가 된 듯 그것을 자신의 일부로서 받아들이고 있기 때문이다. 각 구성원이, 자신을 그 집단의 어떤 부분으로 너무 자연스럽게 여기고 움직이기 때문이다.

이것을 유교는 충[忠]과 서[恕]라는 단어로 설명한다. 특정 집단이 공유하는 해석과 행동의 사고선이 본인의 일부가 되어 버리면, 그것이 '나' 또는 '우리'를 구성하는 정체성이 되어 버리며, 그 집단은 동질적인 생각을 가지게 된다. 그것을 '서'라고 한다. 서는 마음[心]이 같음[如]을 의미한다. 이 사회적 위치라면 어떤 인간은 이렇게 행동해야 하고, 내가 저 위치라면 나도 저렇게 행동할 것이라는 판단과 느낌. 이런 판단과 느낌에 모든 인간이 충실하다면, 집단은 마치 하나처럼 움직일 것이다. 모두가 같은 행위/판단 규범을 공유하고 있기 때문이다. 그렇게 개개인이 하나의 중심[中]을 향하는 마음[心]이 되어 충[忠]이 된다. 충과 서는 집단을 구성하는 근본적인 원리다.

이것은 하나의 규칙상태다. 모든 행동과 의식을 감정에 내맡겨도 그에 알맞게 행위되는 상태. 유교에서 아주 긍정적으로 바라본 상태. 유교에서는 이런 상태가 최상의 것이었기에, 도덕적 감정을 본(本)이라고 여겼다. 감정이 정갈해진 뒤에야, 성인이 되고 최상의 덕을 가진 사람으로 인정받는 것이다. 모든 사람이 도덕을 충서로서 받아들이면, 그것이 이상사회가 된다. 이런 이상적 상황이 규칙상태가 되어버리면, 어떻게 행동하는 게 올바른지를 느낀다. 사고하고 따지는 것이 아니라, 말도 하지 않아도 모든 것이 똑바로 작동한다. 충서의 극한은 이상사회다. 하지만 충서는 같은 도덕을 공유하는 집단의 구성원이 일정 이상 가져야 하는 도덕의 필요조건이다. 서로 같은 이해와 행위, 그리고 규범에 대한 의지와 존경은 사회가 흩어지지 않고 성립하게 할 조건이다. 우리는 충서가 제대로 지켜지는 사회라면, 다시 말해 나의 무의식적 행위가 언제나 올바른 규칙 따르기로 받아들여지는 사회라면(즉 아폴론적 통일성을 가졌다면), 기꺼이 그것에 봉사하고 따르며 그것을 위해 자신이 행동하는 것이 행복한 것이며 합리적인 것이라, 당연하며 가치 있는 것이라느낀다.

지금까지 논한 바처럼, 한 사람은 자기 자신이 아닌 것, 즉 집단과 집단이 자신의 규범으로 여기고 있는 실체까지 자기 자신으로 정의할 수 있다. 우리는 '삶도 내가 원하는 것이고 의도 내가 원하는 것이지만, 둘 다 가질 수 없다면 삶을 버리고 의를 택할 것'이라는 맹자의 말을 무서운 것으로 들을 필요 또한 있다.

## 2) 탈색, 갈등, 웃음

> 그대들은 철학자들의 특이체질은 무엇인가라고 나에게 묻
> 는다. … 예를 들자면 그들의 역사적 감각 결여와 생성이라
> 는 관념 자체를 증오한다는 이집트 주의가 그것[철학자들
> 의 특이체질]에 해당한다. 그들이 어떤 사태를 '영원의 상
> 아래에서(sub specie aeterni)' 탈역사화하는 것은 그것을 미
> 라로 만드는 것이지만, 이때 그들은 자신들이 그 사태에 명
> 예를 부여했다고 믿는다.[36]
>
> — 니체, 『우상의 황혼』

우리는 탈색을 논해야 한다. 하나의 단어, 하나의 실체, 하나의 문장은 그것이 연관된 수많은 맥락에 의해 존재한다. 하지만 단어, 실체, 문장은 그것이 가진 구조적 한계에 의해 맥락들에서 벗어나 '순수한' 모습을 가지게 되고, 실제 그 자체로 올바른 문장, 그 자체로 완벽한 개념이 등장한다. 한편 그 자체로 말도 안 되지만 맥락에 따른다면 매우 강력한 표현이 되는 문장도 있다. 어떤 말도 안 되는 문장을 마주했다고 하자(이를테면 '도둑을 죽이는 것은 살인이 아니다', '하얀 말은 말이 아니다'). 우리는 이것을 받아들고는 이게 무슨 궤

---

36)  프리드리히 니체, 『우상의 황혼』, 박찬국(2015, 아카넷), 40p

변인지 의아해한다. 하지만 우리가 그것의 맥락을 밝히는 누군가를 만난다면 어떨까? ('공동의 이익을 위하는 것이 가장 우선시 되는 사회에서, 사사로이 이익을 탐해 도둑질을 한 자는 인간 취급할 수 없다,' '하얀색과 말은 각기 다른 의미요소를 가지고 있으므로 그것이 결합한 백마는 말이라 할 수 없다.') 우리는 그런 맥락에서 나온 말이라는 것을 이해하면 그 맥락이 어떻게 필연적으로 궤변이 도출했는지 그 이유를 이해할 수 있다.

모든 말은 그것이 나온 올바른 필연성에 의해 발화된다. 모든 말해지고 쓰여지는 것들은 체화된 규칙에 의존해 말해지고 쓰여진다. 주체가 올바른 의미를 가진다고 생각되는 것들이 규칙에 따라 발화된다. 그 문장이 비록 논리적으로 옳지 못하다고 하더라도 발화자에게는 지시된 맥락에 의해서 의미를 갖는다. 그러나 맥락을 벗어나거나, 맥락이 있다는 사실을 망각하기 시작해 어떤 발화나 단어가 다른 '순수한 의미'로 굳어지는 것을 탈색이라고 하자.

이제는 집단을 생각해 보자. 서로 다른 두 집단은 서로 다른 언어와 사고체계(아폴론)를 가지고 있다. 그들이 서로의 말로 인해 갈등한다면, 그들의 오해는 어디에서 생기는 것인가? 서로의 말이 맥락에서 벗어나, 마치 '순수한 문장'처럼 다가왔을 경우, 즉 한 아폴론에서 정당화되는 어떤 문장이 맥락을 탈피해 다른 아폴론의 체계 안에서 해석되었을 경우다. 한 아폴론에서는 일상적이며, 정당화될 수 있는 언명인 이것은 다른 아폴론에 의해서 매우 부조리한 것으로 비춰질 수 있다.

우리의 모든 행위와 판단, 언명은 그것이 합당하다고 믿는 행위자로부터 출현한다. 그러나 그 믿음은 실제 합리적인지는 알 수 없으며, 다른 판단을 가지고 있는 행위자에게는 부조리한 것일 수 있다. 다른 행위자의 맥락을 이해하지 못하는 행위자는 그것을 침범과 대립으로 받아들인다. 그에게 이 행위는 그를 침범해 이익을 행하려는 '악'이 된다.

따라서 갈등이란 각각의 합리적인 인식에 따르기 때문에 발생하는 서로 다른 아폴론의 충돌이다. A 아폴론을 따르는 집단이 어떠한 행위를 하였을 때, B 아폴론을 따르는 집단이 이를 침범, 공격으로 여긴다면, B 아폴론에게 그것은 그들의 합리적 체계에 의해 악이다. 이러한 세계와 세계의 충돌, 세계 간 합리성의 충돌이 갈등이다. 각각 아폴론의 합리성은 그것의 단편적 관점, 즉 주관성을 갖는다(아폴론이 그것을 따르는 각 개인의 판단에 기인하기 때문에 생긴다). 이 주관성 때문에 우리는 다른 아폴론을 자신의 판단과 행동의 규칙으로 여기지 않고, 다른 아폴론은 타자의 아폴론에 머무를 수밖에 없다.

이제 웃음을 논하자. 우리는 왜 웃는가? 어떤 경우에 우리는 웃는가? 만족하여 짓는 미소와 같은 웃음, 즐거움에 의한 웃음은 제외하자. 우리가 왜 농담에 웃는지를 논하자. 예시를 위해 농담을 하나 던져 보겠다. 시력이 좋은 사슴을 다섯 글자로 말한다면, 뭐라고 할 수 있을까? 정답은 '굿아이디어'이다. 독자가 말이 된다며 웃었다고 전제한다면, 우리가 왜 웃었는지에 대해 물음을 던져 봐야 한다.

스피노자, 그리고 진화론자들에 의해 감정의 주된 원천으로 알려져 있는 보존의 본능[코나투스], 그리고 생존의 관점으로 바라보자. 시력이 좋은 사슴이 굿아이디어라는 언명과 연관되었다는 사실이 대체 우리 개체의 보존과 생존에 어떤 관련이 있는가? 이런 종류의 말장난이 한 사람의 생존을 돕는가? 그렇지 않다.

우리는 농담이 언어와 연관되어 있다는 사실을 알아야 한다. 두 구 사이에 새로우면서도 논리가 성립하는 연결이 우리를 웃게 만들었다. 웃음을 유발하는 연결이 새로워야 하는 까닭은 우리가 이미 아는 농담에 잘 웃지 않는다는 것과 연관되어 있다. 알고 있던 것들의 새롭고도 참신한 연결은 우리를 웃게 하고 고양시킨다.

이것을 이렇게 말해볼 수 있다. 웃음은 인간의 디오니소스적인 본능을 예시한다. 우리는 이 본능에 의해 새로운 것,

자극적인 것에 활짝 열리게 되며 그런 것들과 관계하며 고양
된다. 새로운 연결은 창의성이라고 불리기도 하며, 동시에
익숙한 것의 파훼이기도 하다. 인간은 논리의 연결에 의해,
개념의 연결에 의해 웃는 유일한 종이다. 그 덕에 그것들의
새로운 창출에도 능하다 말할 수 있겠다.


### 3) 윤리적 절충, 그리고 실체 발굴

그러나 사정이 그러할지라도, 우리는 이러한 말들을 보존
해야 한다. 왜냐하면 우리는 인간본성의 전형으로 볼 수 있
는 인간의 관념들을 형성하고자 하기 때문에, 이러한 말들
을 앞에서 언급한 의미 속에서 보존하고자 하는 것이 우리
에게 유익할 것이기 때문이다. 그러므로 나는 다음에서, 선
이란 우리가 우리 앞에 설정해 놓은 인간 본성의 전형에 더
욱 가까이 다가갈 수 있는 수단이 되는 것을 우리가 확실히
알고 있는 것이라고 해석할 것이다.[37]

- 스피노자, 『에티카』, 4부 서론


우리의 주장은 아폴론과 집단을 벗어나야 한다는 것이었

---

37)  바뤼흐 스피노자, 『에티카』, 황태연(2014, 비홍출판사), p235

다. 우리는 그것이 맹목적이라는 사실을 알았기 때문이다. 그렇다면 우리는 대체 어떻게 행동해야 하는가? 아폴론과 완전히 다른 행위를 해야 하는 것인가? 그렇다면 우리는 패닉에 빠지고 말 것이다. 우리는 아폴론에 반해 새롭게 대안으로 세운 행위규범이 실패하는 것을 보고 말 것이며, 우리는 다시 우리에게 익숙한 것으로 돌아가야만 할 것이다. 우리의 아폴론은 그 유용성과 결과를 일정 시간 이상 동안 입증한 것이기 때문이다.

아폴론에 따르는 어떤 사람을 생각해 보자. 그의 선악 판단의 기준이 신화적 세계관에만 고정되어 있다면, 그 사람은 그 세계에 일치하는 행위만을 할 것이다. 그 신화가 아즈텍 신화라면 우리에게 그 입장은 재고해야 할 입장이 된다. 반면 현대의 4대 종교가 기대고 있는 신화적 입장이라면 어떻겠는가? 이 입장에 따르는 이들은 선악을 부정하고 행위의 정당화 요건이 없어 아무 행동도 섣불리 하지 못하는 사람들보다 훨씬 생산적이고 효율적으로 움직일 것이다.

그들은 행동의 결과에 있어서는 우위에 있다. 하지만 이들은 자신의 아폴론에 고착화되어 빠져나오지 못한다. 그들이 자신의 아폴론을 의심하다가도 이후에는 다시 '참회의 감격'을 느끼며 용서받고 다시금 아폴론으로 회귀한다고 하자. 이들은 삶의 과정, 특히나 가치관이 형성될 어린 시기에 따르게 된 규칙에 의해 단단히 아폴론에 못 박힌다. 이러한 아폴론은 맥락의 특정성과 행위 규범의 바탕을 제대로 고려하고 있지 못한 채 맹목적으로 따르는 것이라고 말해질 만하다.

아폴론을 이처럼 맹목적으로 따르는 이들을 '비진리의 아폴론주의자'로 부른다면, 그 반대는 '디오니소스적 행동불능자'라고 부를 수 있을 것이다. 행위의 정당화 요건을 따지는 우리는 그렇다면 이 두 극단 사이에서 어떻게 행위해야 하는가? 우리에겐 기준이 필요하다. 어떤 아폴론도 절대적으로 완전하지 않다면, 우리는 그것들을 절충해야 한다. 그러므로 윤리학은 역사가 우리에게 선물한 '규칙 따르기'의 산물과 선악의 맥락의존적 성격을 절충해야만 한다. 그러므로 절대적인 윤리란 없다. 윤리란 끊임없이 그 적합성을 의심하면서 상황에 맞게 바뀌어 나가야 한다.

비록 우리는 새로운 것, 혁신을 치켜세우는 시대에 살고 있고 무엇보다 실체가 범람하는 시대에 살고 있다. 나조차 그런 규칙을 따르며 살아가고 있다. 나의 이론은 분명 그러한 실체들을 경계하길 요청한다. 하지만 우리는 그것을 부정만 할 수 없다. 우리는 다시 집단으로 돌아가야 한다. 탈집단의 이유는 다시 인간의 집이자, 걸을 수 있는 거친 땅인 집단으로 돌아가기 위함이다.

객관물로서 실체가 존재하기 위한 필요조건은 샤먼과 집

단이다. 즉, 진리화되기 이전의 실체는 점일 뿐 실체가 아니다. 진리화된 실체, 그리고 실체의 다리는 객관적 사실로서 존재한다. 따라서 어떤 진리를 추종하는 사람의 특정한 언행에 이유를 끝까지 물어 들어가면 그것을 정당화하는 실체들에 도달한다. 특정 사람의 사고체계를 이해하기 위해서 이런 방식을 통해 실체를 분석할 수 있다.

누군가 A라는 주장을 했다고 하자. 그에게 왜 그러느냐고 반문한다. 그렇다면 A의 근거인 B가 등장한다. 이번에도 그 근거를 반문한다. 그러자 또다시 근거로서 C가 제시된다. 이같은 반문을 반복해 결론적으로 실제 s로 귀결되었다고 하자. 이 표현은 'X는 실체 s 때문이다.'라는 단문으로 표시된다.[38][39] 이제 실체 s가 왜 무엇인지를 묻는다. 그러면 s가 어

---

38) 이를테면, "모든 인간은 존엄하기 때문이다(**인간의 존엄성** 때문이다).", "해당 권리는 모든 인간이 갖는다(**보편적인 권리**이기 때문이다).", "구조적으로 한계를 갖기 때문이다(**구조적 한계** 때문이다).", "역사적으로 억압을 받아왔기 때문이다(**역사적 억압** 때문이다)."

39) 위 주석에서 예시로 든 실체는 모두 적실하며 유효한 실체이다. 그러나 실체는 '그냥' 존재하지 않는다. 실체는 역사적으로 구성되어 온 것이다. 그것이 어떻게 생겨났으며, 어떤 조건하에서 유효한 것인지 따져 나가는 역사주의적 인식이 우리에게는 필요하다. 실체는 빈 곳에 혼자 있지 않다. 실체는 샤먼과 집단에 의해 생성되고 존속되어 왔으며, 사라질 수 있다. 실체의 추종자인 우리에게 객관적 사실인 실체가 대체 왜 중요한지를 따져 나가는 일은 우리가 서 있는 지반을 더욱 단단하게 해 준다. 그러므로 모든 '숭배되던' 가치들을 성역에서 내려, 더도 말고 덜도 말고 철학의 영역으로, 그리고 사자들의

떻게 정의되는지를 알 수 있다. 그러면 이 실체를 정의하는 사실들과 또 다른 실체가 등장한다. 사실과 다른 실체들의 논리적 조직화로부터 실체 s는 최종적으로 정당화되고, 실체 s는 다시금 논리적으로 되올라가며 여러 행위규범과 타당한 인식들이 합당했음을 정당화한다. 이러한 방식으로 우리는 행위와 판단의 근저에 있는 실체를 발굴할 수 있다.


## 4) 잉태의 저주

사랑의 재정의가 필요하다. 우리는 때로 실체와 사랑에 빠지기도 한다. 하지만 그것을 사랑이라고 부를 수 있는가? 우리는 실체에 사로잡힌 순간 그것을 위해 봉사할 뿐이다. 순전히 일방적인 이것은 과연 사랑인가?

사랑이란 무엇인가? 우리를 사랑에 빠지도록 내모는 첫 번째 감정은 디오니소스의 감정이다. 우리는 아름다운 것, 강한 것에 본능적으로 이끌린다. 우리 눈앞에 나타난 새로운 것에 우리는 홀린 듯 빠진다. 첫 번째 종류의 사랑은 그런 본질적인 이끌림으로써 디오니소스적인 것으로서 우리가 자연

---

영역으로 끌고 와야 한다. 우리의 일은 **철학**이기 때문이다. 철학은 진리를 **사랑**하는 일이다. ('철학'이라는 실체 또한 같은 방법으로 해부될 수 있다.)

스럽게 새로운 것으로 이행하도록 만든다.

두 번째 사랑은 새롭고 자극적인 이면을 넘어 안정된 상태, 닫힌 세계가 완성되어 있을 때 생겨난다. 다시 말해 이사랑은 아폴론의 일부다. 우리 세계 안에 존재와 감정이 안정되어 하나의 세계가 구축되면 우리는 쉽게 그것을 빠져나올 수 없다. 이제는 대상과 우리의 관계는 규칙성을 띠고 우리는 이제 이 규칙을 따른다. 우리가 이 규칙성에 강하게 종속될수록 우리는 이 감정과 세계로부터 빠져나올 수 없다. 그렇다면 우리는 이 감정을 증오해도 이 감정을 거역할 수 없다.

아폴론적 사랑이 주는 감정은 단연 보호가 필요한 존재에게 느끼는 감정과 유사하다. 이 종류의 사랑은 철저히 주관적인 감정이며 이로부터 생성된 세계는 감정의 주체 자신에게 고유한 것이라 느껴지기 때문이다. 이 개인적인 세계는 주체의 개입 없이는 이루어지지 않는다. (내가 밀어내도, 멀어져도 그것이 다가와주기를 원하는 사랑은 자극과 새로움을 요구하는 디오니소스적 사랑이다.)

아폴론적 사랑, 특히나 우리가 주목할 순전히 일방적인 사랑은 동물종이 아기에게 갖는 느낌과 유사하다. 사랑에 빠진 주체는 마치 새끼를 품에 안은 어미처럼 작고 깨어지기 쉬운 것, 나의 돌봄, 개입을 필요로 하는 것에 그래야 할 당연한 감정을 느끼고, 자신의 건강을 희생하면서까지 그런 정성을 쏟는다. 그런 어미에게 돌아오는 것은 어린 것의 건강과 그 자신의 늙음뿐인데도, 그는 그것을 저주처럼 사랑할 수밖에 없다. 우리는 그것을 잉태하고 머리에 품는다.

그걸 위해, 누군가가 보기에 하잘것없는 일들에 시간과 노력을 쓰는 일. 이것을 '잉태의 저주'로 부르자. 잉태라는 감정은 마치 잘 소화시켜 정제해놓은 영양소를 탯줄로 전달해 생장을 도와 아기를 차곡차곡 쌓아올리는 것과 같다. 분해 및 해체와는 반대된다. 잉태는 그것을 지켜 내고 키워 내고자 하는 보호본능을 내포한 감정이다. 이 감정은 우리가 그것을 위해, 또는 그것을 이유로 무언가를 하게 만든다.

잉태의 감정 없이 우리는 어떤 대상을 인식하고, 바라보고, 집착하고, 탐구하고, 고뇌하는 까닭을 합리적인 근거를 들어 설명할 수 없다. 우리가 그 대상이 무엇인지 제대로 알기도 전에, 그것은 어느 순간 우리 안에 들어와 불가역적으로 우리를 사로잡아 버린다. 잉태는 피상적으로 말하는 사랑과는 분명 다르다. 우리가 그것의 사랑을 받지 못해도 좋다. 그것이 우리를 위해 무언가를 해 주지 못해도 좋다. 우리는 우리 안에 있는 그것에 기꺼이 봉사한다.

실체를 바라보는 샤먼조차 그러하다. 이토록 아름다운 존재를 그는 책임지고 있다. 그 점을 최초로 마주한 나는 그 객

관성과 절대성, 그리고 강력한 능력에 연결된 존재이며 오직 나만이 그것을 느낀다. 내가 아니면 이것은 사라진다. 또한 누구도 이를 진실로 여기고 있지 않다. 필연성, 순수성 그 자체인 이것을 지키고 알려야 함은 실체를 잉태한 샤먼이라면 응당 느끼게 되는 것이다.

# 참고문헌

루드비히 비트겐슈타인,『논리철학론』곽광제(2012, 서광사)

루드비히 비트겐슈타인,『철학적 탐구』이승종(2016, 아카넷)

프리드리히 니체,『비극의 탄생』박찬국(2007, 아카넷)

프리드리히 니체,『차라투스트라는 이렇게 말했다』장희창(2004, 민음사)

프리드리히 니체,『선악의 저편』박찬국(2018, 아카넷)

프리드리히 니체,『도덕의 계보』박찬국(2021, 아카넷)

프리드리히 니체,『우상의 황혼』박찬국(2015, 아카넷)

바뤼흐 스피노자,『에티카』황태연(2014, 비홍출판사)

임마누엘 칸트,『순수이성비판 2』백종현(2006, 아카넷)

에밀 뒤르켐,『종교생활의 원초적 형태』민혜숙 및 노치준(2020, 한길사)

에밀 뒤르켐,『사회분업론』민문홍(2012, 아카넷)

아르투어 쇼펜하우어,『쇼펜하우어 철학 에세이』김욱(2005, 지훈출판사)

김경만,『글로벌 지식장과 상징폭력』(2015, 문학동네)

아리스토텔레스,『형이상학』김진성(2022, 서광사)

켄터베리의 안셀무스,『프로슬로기온』박승찬(2012, 아카넷)

최진석,『나 홀로 읽는 도덕경』(2021, 시공사)

『장자』박삼수(2018, 문예출판사)

『맹자』박경환(2019, 홍익출판사)

페르디낭 드 소쉬르,『소쉬르의 1차 일반언어학 강의 : 1907』김현권(2021, 그린비)

로버트 C. 버윅, 노암 촘스키,『왜 우리만이 언어를 사용하는가』김형엽(2018, 한울)

마르쿠스 툴리우스 키케로,『아카데미아 학파』양호영(2021, 아카넷)

섹스투스 엠피리쿠스,『피론주의 개요』오유석(2008, 지만지)

바실리 칸딘스키,『점·선·면』차봉희(2019, 열화당)

**철학적 착상**

ⓒ 권성훈, 2024

초판 1쇄 발행 2024년 8월 1일

지은이    권성훈
펴낸이    이기봉
편집      좋은땅 편집팀
펴낸곳    도서출판 좋은땅
주소      서울특별시 마포구 양화로12길 26 지월드빌딩 (서교동 395-7)
전화      02)374-8616~7
팩스      02)374-8614
이메일    gworldbook@naver.com
홈페이지   www.g-world.co.kr

ISBN    979-11-388-3410-0 (03100)

정을 느끼고, 자신의 건강을 희생하면서까지 그런 정성을 쏟는다. 그런 어미에게 돌아오는 것은 어린 것의 건강과 그 자신의 늙음뿐인데도, 그는 그것을 저주처럼 사랑할 수밖에 없다. 우리는 그것을 잉태하고 머리에 품는다.

그걸 위해, 누군가가 보기에 하잘것없는 일들에 시간과 노력을 쓰는 일. 이것을 '잉태의 저주'로 부르자. 잉태라는 감정은 마치 잘 소화시켜 정제해놓은 영양소를 탯줄로 전달해 생장을 도와 아기를 차곡차곡 쌓아올리는 것과 같다. 분해 및 해체와는 반대된다. 잉태는 그것을 지켜 내고 키워 내고자 하는 보호본능을 내포한 감정이다. 이 감정은 우리가 그것을 위해, 또는 그것을 이유로 무언가를 하게 만든다.

잉태의 감정 없이 우리는 어떤 대상을 인식하고, 바라보고, 집착하고, 탐구하고, 고뇌하는 까닭을 합리적인 근거를 들어 설명할 수 없다. 우리가 그 대상이 무엇인지 제대로 알기도 전에, 그것은 어느 순간 우리 안에 들어와 불가역적으로 우리를 사로잡아 버린다. 잉태는 피상적으로 말하는 사랑과는 분명 다르다. 우리가 그것의 사랑을 받지 못해도 좋다. 그것이 우리를 위해 무언가를 해 주지 못해도 좋다. 우리는 우리 안에 있는 그것에 기꺼이 봉사한다.

실체를 바라보는 샤먼조차 그러하다. 이토록 아름다운 존재를 그는 책임지고 있다. 그 점을 최초로 마주한 나는 그 객

관성과 절대성, 그리고 강력한 능력에 연결된 존재이며 오직 나만이 그것을 느낀다. 내가 아니면 이것은 사라진다. 또한 누구도 이를 진실로 여기고 있지 않다. 필연성, 순수성 그 자체인 이것을 지키고 알려야 함은 실체를 잉태한 샤먼이라면 응당 느끼게 되는 것이다.

# 참고문헌

루드비히 비트겐슈타인, 『논리철학론』 곽광제(2012, 서광사)

루드비히 비트겐슈타인, 『철학적 탐구』 이승종(2016, 아카넷)

프리드리히 니체, 『비극의 탄생』 박찬국(2007, 아카넷)

프리드리히 니체, 『차라투스트라는 이렇게 말했다』 장희창(2004, 민음사)

프리드리히 니체, 『선악의 저편』 박찬국(2018, 아카넷)

프리드리히 니체, 『도덕의 계보』 박찬국(2021, 아카넷)

프리드리히 니체, 『우상의 황혼』 박찬국(2015, 아카넷)

바뤼흐 스피노자, 『에티카』 황태연(2014, 비홍출판사)

임마누엘 칸트, 『순수이성비판 2』 백종현(2006, 아카넷)

에밀 뒤르켐, 『종교생활의 원초적 형태』 민혜숙 및 노치준(2020, 한길사)

에밀 뒤르켐, 『사회분업론』 민문홍(2012, 아카넷)

아르투어 쇼펜하우어, 『쇼펜하우어 철학 에세이』 김욱(2005, 지훈출판사)

김경만, 『글로벌 지식장과 상징폭력』(2015, 문학동네)

아리스토텔레스, 『형이상학』 김진성(2022, 서광사)

켄터베리의 안셀무스, 『프로슬로기온』 박승찬(2012, 아카넷)

최진석, 『나 홀로 읽는 도덕경』(2021, 시공사)

『장자』 박삼수(2018, 문예출판사)

『맹자』 박경환(2019, 홍익출판사)

페르디낭 드 소쉬르, 『소쉬르의 1차 일반언어학 강의 : 1907』 김현권(2021, 그린비)

로버트 C. 버윅, 노암 촘스키, 『왜 우리만이 언어를 사용하는가』 김형엽(2018, 한울)

마르쿠스 툴리우스 키케로, 『아카데미아 학파』 양호영(2021, 아카넷)

섹스투스 엠피리쿠스, 『피론주의 개요』 오유석(2008, 지만지)

바실리 칸딘스키, 『점·선·면』 차봉희(2019, 열화당)

**철학적 착상**

ⓒ 권성훈, 2024

초판 1쇄 발행 2024년 8월 1일

| | |
|---|---|
| 지은이 | 권성훈 |
| 펴낸이 | 이기봉 |
| 편집 | 좋은땅 편집팀 |
| 펴낸곳 | 도서출판 좋은땅 |
| 주소 | 서울특별시 마포구 양화로12길 26 지월드빌딩 (서교동 395-7) |
| 전화 | 02)374-8616~7 |
| 팩스 | 02)374-8614 |
| 이메일 | gworldbook@naver.com |
| 홈페이지 | www.g-world.co.kr |

ISBN 979-11-388-3410-0 (03100)

정을 느끼고, 자신의 건강을 희생하면서까지 그런 정성을 쏟는다. 그런 어미에게 돌아오는 것은 어린 것의 건강과 그 자신의 늙음뿐인데도, 그는 그것을 저주처럼 사랑할 수밖에 없다. 우리는 그것을 잉태하고 머리에 품는다.

그걸 위해, 누군가가 보기에 하잘것없는 일들에 시간과 노력을 쓰는 일. 이것을 '잉태의 저주'로 부르자. 잉태라는 감정은 마치 잘 소화시켜 정제해놓은 영양소를 탯줄로 전달해 생장을 도와 아기를 차곡차곡 쌓아올리는 것과 같다. 분해 및 해체와는 반대된다. 잉태는 그것을 지켜 내고 키워 내고자 하는 보호본능을 내포한 감정이다. 이 감정은 우리가 그것을 위해, 또는 그것을 이유로 무언가를 하게 만든다.

잉태의 감정 없이 우리는 어떤 대상을 인식하고, 바라보고, 집착하고, 탐구하고, 고뇌하는 까닭을 합리적인 근거를 들어 설명할 수 없다. 우리가 그 대상이 무엇인지 제대로 알기도 전에, 그것은 어느 순간 우리 안에 들어와 불가역적으로 우리를 사로잡아 버린다. 잉태는 피상적으로 말하는 사랑과는 분명 다르다. 우리가 그것의 사랑을 받지 못해도 좋다. 그것이 우리를 위해 무언가를 해 주지 못해도 좋다. 우리는 우리 안에 있는 그것에 기꺼이 봉사한다.

실체를 바라보는 샤먼조차 그러하다. 이토록 아름다운 존재를 그는 책임지고 있다. 그 점을 최초로 마주한 나는 그 객

관성과 절대성, 그리고 강력한 능력에 연결된 존재이며 오직 나만이 그것을 느낀다. 내가 아니면 이것은 사라진다. 또한 누구도 이를 진실로 여기고 있지 않다. 필연성, 순수성 그 자체인 이것을 지키고 알려야 함은 실체를 잉태한 샤먼이라면 응당 느끼게 되는 것이다.

# 참고문헌

루드비히 비트겐슈타인,『논리철학론』 곽광제(2012, 서광사)

루드비히 비트겐슈타인,『철학적 탐구』 이승종(2016, 아카넷)

프리드리히 니체,『비극의 탄생』 박찬국(2007, 아카넷)

프리드리히 니체,『차라투스트라는 이렇게 말했다』 장희창(2004, 민음사)

프리드리히 니체,『선악의 저편』 박찬국(2018, 아카넷)

프리드리히 니체,『도덕의 계보』 박찬국(2021, 아카넷)

프리드리히 니체,『우상의 황혼』 박찬국(2015, 아카넷)

바뤼흐 스피노자,『에티카』 황태연(2014, 비홍출판사)

임마누엘 칸트,『순수이성비판 2』 백종현(2006, 아카넷)

에밀 뒤르켐,『종교생활의 원초적 형태』 민혜숙 및 노치준(2020, 한길사)

에밀 뒤르켐,『사회분업론』 민문홍(2012, 아카넷)

아르투어 쇼펜하우어,『쇼펜하우어 철학 에세이』 김욱(2005, 지훈출판사)

김경만,『글로벌 지식장과 상징폭력』(2015, 문학동네)

아리스토텔레스,『형이상학』 김진성(2022, 서광사)

캔터베리의 안셀무스,『프로슬로기온』 박승찬(2012, 아카넷)

최진석,『나 홀로 읽는 도덕경』(2021, 시공사)

『장자』 박삼수(2018, 문예출판사)

『맹자』 박경환(2019, 홍익출판사)

페르디낭 드 소쉬르,『소쉬르의 1차 일반언어학 강의 : 1907』 김현권(2021, 그린비)

로버트 C. 버윅, 노암 촘스키,『왜 우리만이 언어를 사용하는가』 김형엽(2018, 한울)

마르쿠스 툴리우스 키케로,『아카데미아 학파』 양호영(2021, 아카넷)

섹스투스 엠피리쿠스,『피론주의 개요』 오유석(2008, 지만지)

바실리 칸딘스키,『점·선·면』 차봉희(2019, 열화당)

## 철학적 착상

ⓒ 권성훈, 2024

초판 1쇄 발행 2024년 8월 1일

지은이      권성훈
펴낸이      이기봉
편집        좋은땅 편집팀
펴낸곳      도서출판 좋은땅
주소        서울특별시 마포구 양화로12길 26 지월드빌딩 (서교동 395-7)
전화        02)374-8616~7
팩스        02)374-8614
이메일      gworldbook@naver.com
홈페이지    www.g-world.co.kr

ISBN    979-11-388-3410-0 (03100)